O CHAMADO DA CORAGEM

O CHAMADO DA CORAGEM

A SORTE FAVORECE OS CORAJOSOS

RYAN HOLIDAY

Tradução de Marcelo Schild Arlin

Copyright © 2021 by Ryan Holiday

Todos os direitos reservados, inclusive o direito de reprodução total ou parcial em qualquer meio. Esta edição foi publicada mediante acordo com Portfolio, um selo do Penguin Publishing Group, divisão da Penguin Random House LLC.

TÍTULO ORIGINAL
Courage is Calling

COPIDESQUE
Angélica Andrade

PREPARAÇÃO
Thais Entriel

REVISÃO
Thaís Lima
Eduardo Carneiro
Iuri Pavan

PROJETO GRÁFICO
Daniel Lagin

ADAPTAÇÃO DE PROJETO GRÁFICO E DIAGRAMAÇÃO
Julio Moreira | Equatorium Design

DESIGN DE CAPA
Samantha Johnson

IMAGENS DE CAPA
Leão em detalhe de mosaico romano aproximadamente do século III d.C., encontrado em Salakta, na Tunísia.

CIP-BRASIL. CATALOGAÇÃO NA PUBLICAÇÃO
SINDICATO NACIONAL DOS EDITORES DE LIVROS, RJ

H677c

Holiday, Ryan, 1987-
O chamado da coragem : a sorte favorece os corajosos / Ryan Holiday ; tradução Marcelo Schild Arlin. - 1. ed. - Rio de Janeiro : Intrínseca, 2023.

Tradução de: Courage is calling : fortune favors the brave
ISBN 978-65-5560-585-3

1. Coragem - Filosofia. 2. Conduta. I. Arlin, Marcelo Schild. II. Título.

22-80902
CDD: 179.6
CDU: 179.6

Meri Gleice Rodrigues de Souza - Bibliotecária - CRB-7/6439

[2023]
Todos os direitos desta edição reservados à
EDITORA INTRÍNSECA LTDA.
Av. das Américas, 500, bloco 12, sala 303
22640-904 – Barra da Tijuca
Rio de Janeiro — RJ
Tel./Fax: (21) 3206-7400
www.intrinseca.com.br

Não esperemos que outras pessoas venham até nós e nos convoquem para que alcancemos grandes feitos. Sejamos, em vez disso, os primeiros a chamar os demais para o caminho da honra. Mostremo-nos os mais corajosos de todos os capitães, com mais direito à liderança do que os que são nossos líderes no momento.

XENOFONTE

SUMÁRIO

As quatro virtudes 11
Introdução 15

PARTE I: MEDO

O chamado que tememos... 23
O importante é não estar amedrontado 32
Derrotamos o medo com a lógica 35
Este é o inimigo 37
Sempre achamos que existem mais deles, até que os contamos ... 39
Qual é o pior cenário possível? 42
Não tema as dificuldades 45
Concentre-se no que está à sua frente 47
Nunca questione a coragem alheia 50
Livre-arbítrio é uma verdade eficaz 53
Temos medo de acreditar 55
Não permita que intimidem você 58
Todo crescimento é um salto no escuro 61
Não tenha medo de tomar decisões 64
Você não pode colocar sua segurança em primeiro lugar ... 66

O medo está mostrando algo a você	69
Ser você mesmo é o mais assustador	71
A vida acontece em público. Vá se acostumando	74
Qual tradição você escolherá?	77
Você não pode ter medo de pedir ajuda	79
Quando superamos...	82

PARTE II: CORAGEM

O chamado ao qual atendemos...	87
O mundo quer saber	95
Se não você, então quem?	97
O preparo torna você corajoso	99
Simplesmente comece. Simplesmente faça alguma coisa	102
Vá!	105
Diga a verdade aos poderosos	107
Seja aquele que decide	110
É bom ser difícil	113
Apenas alguns segundos de coragem	116
Faça da coragem um hábito	119
Assuma a ofensiva	123
Mantenha-se firme	126
A coragem é contagiosa	129
Você precisa assumir a responsabilidade	131
Você sempre pode resistir	134
A sorte favorece os ousados	137
A coragem de se comprometer	140
Ame o próximo	143
Ser ousado não é ser imprudente	147
Livre-arbítrio é tomado, não dado	150

Quando a violência é a resposta	153
Levante-se e vá embora	155
Faça seu trabalho	158
Você pode vencer as probabilidades	161
Não os decepcione	165
Quando superamos a nós mesmos...	167

PARTE III: O HEROICO

Indo além do chamado...	171
A causa é tudo	179
Lutar não é a atitude mais corajosa	182
Você tem que atravessar o deserto	186
A abnegação do amor	189
Engrandeça as pessoas	192
Não há tempo para hesitar	195
Nós fazemos nossa própria sorte	198
Mostre que você é destemido	200
Qual preço você está disposto a pagar?	203
A grande questão	207
Voltar ao vale	209
Silêncio é violência	212
A audácia da esperança	215
Você tem que queimar a bandeira branca	218
Ninguém é invencível	221
Coragem é virtude. Virtude é coragem	223

Posfácio	227
Agradecimentos	237

AS QUATRO VIRTUDES

Já faz muito tempo desde que Hércules chegou à encruzilhada. Em um vale silencioso entre as colinas da Grécia, à sombra de pinheiros nodosos, o grande herói da mitologia encontrou seu destino pela primeira vez.

Ninguém sabe exatamente onde ou quando aconteceu. Ouvimos sobre esse acontecimento nas histórias de Sócrates. Podemos vê-lo retratado nas obras de arte mais belas do Renascimento e sentir o ímpeto crescente do herói, seus músculos robustos e sua angústia na cantata clássica de Bach. Se o desejo de John Adams tivesse sido cumprido em 1776, Hércules na encruzilhada teria sido imortalizado no brasão oficial dos recém-fundados Estados Unidos.

Isso tudo porque naquele momento, antes de sua fama imortal, antes dos doze trabalhos e antes de mudar o mundo, Hércules teve uma crise, tão real e transformadora quanto as crises que qualquer um de nós já enfrentou.

Para onde ele se encaminhava? Para onde estava tentando ir? Esse é o ponto principal da história. Sozinho, anônimo e inseguro, Hércules, assim como tantos outros, não sabia.

De um lado da bifurcação, uma bela deusa ofereceu ao rapaz todas as tentações que ele poderia imaginar. Adornada com elegância, ela lhe prometeu uma vida tranquila e jurou que ele jamais passaria necessidade, sentiria infelicidade, medo ou dor. "Siga-me", disse ela, "e todos os seus desejos serão realizados."

Do outro lado, uma deusa com uma expressão mais severa, em um vestido branco, o esperava. Fez uma proposta menos exuberante. Não prometeu nenhuma recompensa, exceto as que resultariam do trabalho árduo. Explicou ao rapaz que seria um caminho longo.

Que haveria sacrifícios e momentos assustadores, mas que se tratava de uma jornada digna de um deus, o percurso de seus ancestrais. Que ele se tornaria o homem que tinha nascido para ser.

A história é verdadeira? Aconteceu mesmo? Se estamos falando só de uma lenda, tem alguma importância? Tem, pois é uma história sobre nós. Sobre nosso dilema. Sobre nossas encruzilhadas.

Hércules precisava escolher entre vício e virtude, entre o caminho fácil e o caminho difícil, entre a estrada trilhada por muitos e a estrada menos percorrida. Assim como todos nós.

Depois de apenas um segundo de hesitação, Hércules escolheu o caminho que fez toda a diferença.

Escolheu a virtude.

A palavra *virtude* pode soar antiquada. Na verdade, "virtude" — *areté* — tem uma tradução muito simples e muito atemporal: excelência. Moral. Física. Mental.

Na Antiguidade, a virtude possuía quatro atributos fundamentais.

Coragem.

Temperança.

Justiça.

Sabedoria.

O rei-filósofo Marco Aurélio os chamava de "os pilares da bondade". Milhões de pessoas os conhecem como as "virtudes cardeais", quatro ideais praticamente universais adotados pelo cristianismo e por boa parte da filosofia ocidental, mas também valorizados no budismo, no hinduísmo e em quase todas as filosofias que se possa imaginar. C. S. Lewis destacou que essas virtudes são chamadas de "cardeais" não porque tenham sido instituídas pela Igreja católica, mas porque se originaram do latim *cardo*, ou dobradiça.

São coisas *essenciais*. Que abrem as portas para a boa vida.

Também são o tópico deste livro e desta série.

Quatro livros.* Quatro virtudes.

---

* Este é o livro 1.

Um objetivo: ajudar você a escolher...

Coragem, bravura, resistência, honra, sacrifício...

Temperança, autocontrole, moderação, compostura, equilíbrio...

Justiça, equidade, serviço, companheirismo, bondade, gentileza...

Sabedoria, conhecimento, educação, verdade, autorreflexão, paz...

Esses atributos são o segredo para uma vida de honra, de glória e de *excelência* em todos os sentidos. Traços de personalidade que John Steinbeck descreveu muito bem como "agradáveis e desejáveis para [seu] possuidor e que permitem que ele realize atos dos quais possa se orgulhar e com os quais possa se sentir satisfeito". Aqui, porém, o *ele* quer dizer "toda a humanidade". No latim, a palavra *virtus* (virtude) não era feminina nem masculina, simplesmente *era*.

E ainda é. Não importa o gênero com o qual você se identifique. Não importa se você é fisicamente forte ou extremamente tímido, um gênio ou alguém de inteligência mediana, a virtude é universal. Continua sendo um imperativo universal.

Todas as virtudes são inter-relacionadas e inseparáveis, embora cada uma seja distinta das outras. Fazer a coisa certa quase sempre exige coragem, assim como é impossível atingir a disciplina sem a sabedoria do que vale ser escolhido. De que vale a coragem se não for aplicada à justiça? De que vale a sabedoria se não nos tornar mais modestos?

Norte, sul, leste, oeste. As quatro virtudes são uma espécie de bússola — há um motivo por que os pontos cardeais são chamados assim. Eles nos orientam, nos mostram onde estamos e o que é verdade.

Aristóteles descreveu a virtude como uma espécie de ofício, algo que devemos buscar da mesma maneira que buscamos dominar uma profissão ou uma habilidade. "Nós nos tornamos construtores construindo e nos tornamos harpistas tocando harpa", escreve ele, "do mesmo modo, portanto, nos tornamos justos realizando ações justas, moderados realizando ações moderadas e corajosos realizando ações corajosas."

Virtude é algo que *fazemos*.

É algo que escolhemos.

Não uma só vez, pois a encruzilhada de Hércules não foi um acontecimento único. Trata-se de um desafio diário, que enfrentamos constante e repetidamente. Seremos egoístas ou abnegados? Corajosos ou temerosos? Fortes ou fracos? Sábios ou estúpidos? Cultivaremos um hábito bom ou ruim? A coragem ou a covardia? A felicidade da ignorância ou o desafio de uma nova ideia?

Permanecer o mesmo... ou crescer?

O caminho fácil ou o caminho certo?

INTRODUÇÃO

~

"Não há feitos tão difíceis que não possamos realizar. Toda nossa vida deve ser encarada como um ato heroico."

LIEV TOLSTÓI

A virtude que mais valorizamos é a coragem; porém, ela está em extinção.
É simples assim? As coisas só são valorizadas porque são raras? É provável.

Mas a coragem — a primeira das quatro virtudes cardeais — não é uma pedra preciosa. Não é um diamante formado por um processo atemporal que durou bilhões de anos. Não é um combustível fóssil, que precisa ser extraído da terra. Não se trata de nenhum recurso finito distribuído de maneira aleatória pelo acaso ou acessível apenas a algumas pessoas.

Não. É muito mais simples. É uma fonte renovável. Está presente em cada um de nós. É algo que somos capazes de mostrar em um instante. Em questões grandes e pequenas. Concretas e morais.

Existem oportunidades ilimitadas para colocá-la em prática, até mesmo diárias, no trabalho, em casa, em todo lugar.

Ainda assim, a coragem é muito rara.

Por quê?

Porque temos medo. Porque é mais fácil não se envolver. Porque temos alguma outra questão na qual estamos envolvidos e *agora não é um bom momento*. "Não sou um soldado", podemos dizer, como se lutar no campo de batalha fosse a única forma de coragem de que o mundo precisa.

Preferimos nos agarrar ao que é seguro. Eu? Heroico? Soa egoísta, absurdo. Deixamos a coragem para outra pessoa, alguém mais qualificado, mais bem treinado, com menos a perder.

É compreensível, até mesmo lógico.

Mas se todos pensarem assim, como ficamos?

"Será necessário destacar", questionou o escritor e dissidente soviético Aleksandr Soljenítsin, "que, desde a Antiguidade, o declínio da coragem tem sido considerado o primeiro sintoma do fim?"

Inversamente, todos os momentos históricos da humanidade — seja o pouso na Lua ou a conquista dos direitos civis, o combate final em Termópilas ou o Renascimento — compartilham a mesma característica: a coragem de pessoas comuns. Pessoas que fizeram o que precisava ser feito. Pessoas que disseram: "Se não eu, então quem?"

CORAGEM É CORAGEM É *CORAGEM*

Há muito tempo, diz-se que existem dois tipos de coragem: a física e a moral.

Coragem física é um paladino cavalgando para a batalha. É um bombeiro correndo em direção a um prédio em chamas. É um explorador partindo rumo ao Ártico, desafiando a natureza.

Coragem moral é um delator enfrentando interesses poderosos. É aquele que diz o que ninguém quer dizer. É o empreendedor abrindo um negócio por conta própria, desafiando todas as expectativas.

A coragem marcial do soldado e a coragem mental do cientista.

Entretanto, não é preciso ser filósofo para perceber que, na verdade, se trata da mesma coisa.

Não existem dois tipos de coragem. Existe somente um. Aquele em que você se dispõe a correr riscos. Em alguns casos, literalmente, talvez fatalmente. Em outros, figurativa ou financeiramente.

Coragem é risco.
É sacrifício...
... comprometimento.
... perseverança.
... verdade.
... determinação.
É quando você faz o que os outros não conseguem ou não querem fazer. Quando faz o que as pessoas pensam que você não deve ou não consegue fazer. Do contrário, não é coragem. É preciso estar enfrentando *algo* ou *alguém*.
Ainda assim, a coragem continua sendo bastante difícil de definir. Nós a reconhecemos quando a vemos, mas é difícil dizer *o que* é. Assim, o objetivo deste livro não é defini-la. Mais rara do que uma pedra preciosa, a coragem é algo que precisamos segurar diante dos olhos para poder inspecionar de muitos ângulos. Observando suas muitas partes e facetas, suas perfeições e falhas, podemos compreender o valor do todo. Cada uma dessas perspectivas nos ajuda a obter um pouco mais de entendimento.
É óbvio que não fazemos isso para compreender a virtude de modo abstrato. Cada um de nós, como Hércules, se depara com as próprias encruzilhadas. Talvez ocupemos um cargo político. Talvez tenhamos testemunhado algo antiético no trabalho. Talvez sejamos pais, tentando criar bons filhos em um mundo aterrorizante e tentador. Talvez sejamos cientistas seguindo uma ideia controversa ou pouco ortodoxa. Talvez tenhamos um sonho para um novo negócio. Talvez sejamos um soldado raso na infantaria, na véspera de uma batalha. Ou um atleta considerando ultrapassar o limite das capacidades humanas.
O que essas situações exigem é coragem. Na prática. De imediato. Nós a teremos? Atenderemos a esse chamado?
"Na vida de todos", afirmou Churchill, "chega um momento em particular em que, metaforicamente, recebemos um tapinha no ombro e nos oferecem a oportunidade de fazer algo muito especial, algo único e adequado aos nossos talentos. Que tragédia seria se

chegássemos despreparados ou desqualificados para o momento que poderia ter sido o mais nobre de nossa vida." É mais exato dizer que a vida tem *muitos* desses momentos, muitos desses tapinhas no ombro. Churchill precisou atravessar uma infância difícil, com pais que não lhe davam amor. Precisou ser corajoso para ignorar os professores que o achavam burro. Para partir, ainda jovem, como correspondente de guerra, ser tomado como prisioneiro e depois realizar uma fuga penosa. Precisou ser corajoso para se candidatar a um cargo público. Precisou ser corajoso todas as vezes em que escreveu algo para ser publicado. Quando tomou a decisão de mudar de partido político. Quando se alistou e lutou na Primeira Guerra Mundial. Quando precisou enfrentar os anos horríveis de selvageria política, com a opinião pública se voltando contra ele. Depois, veio a ascensão de Hitler, e Churchill precisou ser corajoso para se opor sozinho ao nazismo, o momento mais importante de todos. Também precisou ser corajoso para seguir em frente quando foi ingratamente expulso da vida política, jogado de novo no deserto, e corajoso para voltar mais uma vez. Precisou ser corajoso para começar a pintar em uma idade avançada e mostrar sua obra ao mundo. E para se opor a Stalin e à Cortina de Ferro, e em tantas outras ocasiões...

Também houve falhas de coragem no percurso? Erros? Com certeza. Mas devemos olhar para os momentos corajosos e aprender, em vez de nos concentrarmos nas falhas de outra pessoa como uma maneira de justificar as nossas.

Na vida de todas as pessoas que fizeram história, encontramos os mesmos temas. Houve o momento crucial de coragem, mas houve muitos outros menores. Rosa Parks no ônibus é coragem... mas seus *quarenta e dois anos* de vida no Sul como uma mulher negra, sem perder a esperança e sem se tornar uma pessoa amargurada, também é coragem. Sua coragem em levar adiante um processo legal contra a segregação foi simplesmente a continuação da coragem necessária para que ela ingressasse na NAACP, em 1943, para trabalhar abertamente como secretária, e mais ainda em 1945, quando conseguiu se registrar para votar no Alabama.

A história é escrita com sangue, suor e lágrimas, e está gravada na eternidade pela resistência silenciosa de pessoas corajosas.

Pessoas que se levantaram (ou se sentaram)...
Pessoas que lutaram...
Pessoas que arriscaram...
Pessoas que falaram...
Pessoas que tentaram...
Pessoas que superaram seus medos e que, em alguns casos, atingiram por um momento aquele plano superior de existência — entraram para o rol de heróis.

O chamado da coragem chega a cada um de nós de maneira diferente, em momentos diferentes, de formas diferentes. Mas, em todos os casos, como costumam dizer, começa em casa.

Primeiro, somos convocados a superar nosso medo e nossa covardia. Depois, somos convocados a demonstrar valentia, independentemente do contexto, das probabilidades, das nossas limitações. Por fim, às vezes por um único momento de grandiosidade, somos convocados ao heroísmo, para fazer algo por alguém e não para nós mesmos.

Seja qual for o chamado que você esteja ouvindo agora, o que importa é que você atenda a ele. Que vá na direção dele.

Em um mundo feio, a coragem é linda. Possibilita que coisas lindas existam.

Quem disse que a coragem precisa ser tão rara?

Você está lendo este livro porque sabe que ela não precisa ser.

PARTE I
MEDO

"Para além deste lugar de cólera e lágrimas,
Tarda, mas o horror das sombras
E a ameaça dos anos
Me encontram, e sempre me encontrarão, sem medo."

WILLIAM ERNEST HENLEY

Que forças nos impedem de sermos corajosos? O que torna uma coisa tão valorizada tão rara? O que nos impede de fazer o que podemos e devemos fazer? Qual é a fonte da covardia? Medo. *Phobos*. É impossível derrotar um inimigo que você não compreende, e o medo — em todas as suas formas, do terror à apatia, do ódio à insegurança — é o inimigo da coragem. *Estamos em uma batalha contra o medo*. Portanto, precisamos estudá-lo, precisamos nos familiarizar com ele, lutar contra suas causas e seus sintomas. Foi por esse motivo que os espartanos construíram templos ao Medo. Para mantê-lo próximo. Para testemunhar seu poder. Para repeli-lo. Os corajosos não estão isentos de ter medo — nenhum ser humano está; pelo contrário, é a capacidade de superá-lo e dominá-lo que os torna tão notáveis. É preciso admitir que a grandeza é impossível sem isso. *Nada é escrito sobre os covardes*. Nada é lembrado. Nada é admirado. É impossível citar uma coisa "boa" que não tenha exigido pelo menos alguns segundos difíceis de coragem. Portanto, se quisermos ser grandes, precisamos, primeiro, aprender a dominar o medo ou, pelo menos, a superá-lo nos momentos que importam.

O CHAMADO QUE TEMEMOS...

Antes de saber um pouco mais sobre a vida, Florence Nightingale era destemida. Há um pequeno desenho feito por uma tia em algum ponto do começo da infância de Florence que mostra a menina, com mais ou menos quatro anos, caminhando com a mãe e a irmã. A irmã mais velha está agarrada à mão da mãe. Enquanto isso, Florence "avança de forma independente, sozinha", com aquela maravilhosa confiança inocente que algumas crianças possuem. Não precisava estar segura. Não se importava com o que as pessoas pensavam. Havia muito a ser visto. Muito a ser explorado.

Infelizmente, porém, essa independência não duraria. Talvez alguém tenha lhe dito que o mundo era um lugar perigoso. Talvez tenha sido a pressão imperceptível, mas esmagadora, da época, ditando que as garotas deveriam se comportar de determinada maneira. Talvez o luxo de uma existência privilegiada tenha amenizado sua noção do que ela era capaz, fazendo-a duvidar de si mesma.

Todos nós já tivemos uma conversa desse tipo, quando um adulto comete a injustiça cruel — sejam quais forem suas intenções — de estourar nossa pequena bolha. Pensam que estão nos preparando para o futuro, quando, na verdade, estão apenas imprimindo sobre nós os próprios medos, as próprias limitações.

Isso nos custa demais. E priva o mundo de muita coragem.

Como quase aconteceu com Florence Nightingale.

Em 7 de fevereiro de 1837, aos dezesseis anos, ela receberia o que posteriormente identificaria como o "chamado".

Para quê? Para onde? Como?

Só conseguia sentir que se tratava de um sinal misterioso vindo do alto que lhe despertou a sensação de que algo era esperado dela, de que deveria *se fazer útil*, se comprometer com algo que não se adequava à vida de sua família rica e indolente, algo diferente dos papéis restritivos e decepcionantes disponíveis para as mulheres da época.

"Em algum lugar dentro de nós, ouvimos uma *voz*...", disse Pat Tillman enquanto considerava abandonar o futebol americano profissional para ingressar no Comando do Exército. "A voz nos conduz em direção à pessoa que desejamos nos tornar, mas cabe a nós segui-la ou não. Em geral, costuma nos indicar uma direção previsível, direta e aparentemente positiva. Contudo, às vezes, seguimos por um caminho completamente diferente."

Pode-se até pensar que uma garota corajosa como Florence Nightingale estaria pronta para obedecer a essa voz, mas, como tantos de nós, ela internalizara as crenças da época, tornando-se uma adolescente assustada que não conseguia ousar imaginar uma vida diferente da dos pais.

"Havia uma grande casa de campo em Derbyshire", escreveu Lytton Strachey em seu clássico *Eminent Victorians*, "e outra em New Forest; havia quartos em Mayfair para todas as grandes festas da temporada londrina; havia viagens no Continente com um número ainda mais alto do que o normal de óperas italianas e de vislumbres das celebridades de Paris. Criada em meio a tantos privilégios, seria natural que Florence demonstrasse por eles apreço condizente, cumprindo seu dever na vida para a qual foi da vontade de Deus convocá-la — em outras palavras, casando-se, depois de frequentar alguns bailes e jantares festivos, com um cavalheiro adequado e vivendo feliz para sempre."

Por oito anos, aquele chamado permaneceu adormecido nos recantos da mente de Florence, ignorado mas presente, algo que não deveria ser abordado. Enquanto isso, ela estava vagamente ciente de que nem tudo ia bem no mundo vitoriano. A expectativa de vida das pessoas ficava abaixo dos quarenta anos. Em muitas cidades, a mortalidade era mais alta para pacientes que recebiam tratamento hospitalar do que para as pessoas que não recebiam nenhum tipo de cuidado profissional. Na Guerra da Crimeia, em que Florence mais tarde se destacaria, nada menos que 1.800 homens, de um total de cerca de cem mil tropas, morreram devido aos ferimentos sofridos em campo de batalha. Mais de *dezesseis mil* morreram devido a doenças e outros treze mil ficaram incapacitados de servir. Mesmo em tempos de paz, as condições eram terríveis. O simples ato de se alistar já impunha risco de morte. "Daria no mesmo levar 1.100 homens para Salisbury Plain todos os anos e fuzilá-los", disse Nightingale certa vez aos soldados.

No entanto, por mais urgente que fosse a crise — tanto quanto a velocidade com que o número de homens mortos aumentava —, o medo era maior.

Havia pratos e travessas de porcelana para cuidar, conforme escreveu Strachey. O pai esperava que Florence lesse para ele. Ela precisava encontrar alguém com quem se casar. Havia fofocas a se discutir. Não havia nada para fazer, e isto era tudo em que uma mulher rica tinha permissão para se envolver: *nada*.

Sobrecarregada por essa pressão banal, Florence ignorou o chamado, temendo deixá-lo se intrometer na alta sociedade. É óbvio que, às vezes, ela ajudava um vizinho doente. Lia livros. Conheceu pessoas interessantes, como a dra. Elizabeth Blackwell, a primeira mulher a se tornar médica. Contudo, ainda assim, aos vinte e cinco anos, quando lhe ofereceram a oportunidade de trabalhar como voluntária no Hospital de Salisbury, ela deixou que a mãe a impedisse. Trabalhar em um hospital? Ora, prefeririam que ela se tornasse uma prostituta!

Depois de oito anos de recusa, veio outro chamado. A voz perguntou, de modo mais enfático daquela vez: *Você vai permitir que a reputação lhe impeça de servir?* O medo era exatamente este: o que as pessoas iriam pensar? Será que ela conseguiria romper com a família, que desejava mantê-la próxima? Será que conseguiria se transformar de uma rica debutante em uma *enfermeira*? Poderia seguir uma vocação sobre a qual não sabia quase nada — uma profissão que mal existia no século XIX? Será que poderia fazer o que as mulheres não deveriam fazer? Será que seria bem-sucedida?

O medo era grande, assim como o que todos sentimos quando pensamos em explorar águas nunca navegadas, quando consideramos jogar tudo em nossa vida para os ares e fazer algo novo ou diferente. Quando todos dizem que vamos fracassar e que estamos errados, como ignorar? É um paradoxo terrível: só um louco ignora quando lhe dizem que está louco.

E quando tentam nos culpabilizar? Quando tentam nos punir? E se estivermos com receio de decepcionar as pessoas? Foi isso o que Nightingale enfrentou. Pais que interpretavam sua ambição como uma denúncia da própria falta de ambição. A mãe chorou, pois Florence estava planejando se "desgraçar", enquanto o pai brigou com ela por ser mimada e ingrata.

Foram mentiras dolorosas que ela internalizou. "Dr. Howe", aventurou-se Florence certa vez a perguntar ao médico Samuel Gridley Howe, marido de Julia Ward Howe, filantropa e autora do "Hino de Batalha da República", "você acha que seria inadequado e indecoroso para uma jovem inglesa se dedicar a trabalhos de caridade em hospitais? Você acha que isso seria uma coisa horrível?" Suas perguntas eram carregadas de muitas premissas. *Inadequado. Indecoroso. Horrível.*

Ela estava dividida — queria permissão para seguir seu sonho ou permissão para não o realizar? "Querida senhorita Florence", respondeu Howe, "seria incomum, e, na Inglaterra, tudo o que é incomum é considerado inadequado; mas acho que você deve seguir em frente. Se você tem uma vocação para esse estilo de vida, siga sua intuição e descobrirá que não há nada de indecoroso ou deselegante em cumprir seu dever pelo bem dos outros. Escolha e siga em frente, aonde quer que seu desejo a leve."

Mas o medo de ser incomum, de se sentir mais culpada, de receber mais ameaças, permanecia. O objetivo de tudo aquilo era mantê-la em casa, mantê-la *dentro dos limites*. E, como acontece com muita frequência, funcionou — apesar do estímulo explícito de alguém que ela admirava.

"Que tipo de assassina eu sou por perturbar a felicidade deles?", escreveu Florence em seu diário. "Que tipo de pessoa eu sou que faz a vida deles não ser boa o bastante para mim?" "Mal queriam falar comigo", afirmou, descrevendo a reação da família. "Fui tratada como se tivesse cometido um crime." Durante *anos*, as táticas funcionaram. "Florence tinha a capacidade de se impor", escreve sua biógrafa, Cecil Woodham-Smith, "mas não o fez. Os limites que a continham eram frágeis, mas ela não os rompeu."

Nightingale não era uma exceção — nem na década de 1840, nem hoje. Na verdade, em quase todos os casos, na famosa jornada do herói, pelo que o "chamado à aventura" é seguido? *Pela recusa.* Porque é difícil demais, assustador demais; porque, é óbvio, devem ter escolhido a pessoa errada. Esse era o diálogo que Nightingale tinha com ela mesma. E não por um curto período, mas, sim, por *dezesseis anos.*

É o que o medo faz. Ele nos impede de cumprir nosso destino. Ele nos detém. Ele nos faz congelar. Ele nos dá um milhão de justificativas.

"Como é ínfimo nosso desempenho sob a sombra do medo", escreveu Nightingale posteriormente. Boa parte das três primeiras décadas de sua vida provava isso. Mas ela também sabia que houvera um breve momento no qual não sentira medo. Precisava voltar a tomar as rédeas desse poder, se libertar e aceitar o chamado que ouvira.

Era uma atitude assustadora. Abandonar uma vida de tranquilidade. Desprezar as convenções, o coro de dúvidas e exigências. Aquilo a detivera, sim — como acontece com tantos de nós. Mas não a deteria mais. Duas semanas depois, Nightingale deu o referido salto no escuro.

"Não devo esperar nenhuma compreensão ou ajuda deles", escreveu sobre a decisão de se libertar. "Devo *pegar* algumas coisas, o mínimo que puder, que me permitam viver. Devo *pegá-las*, pois não me serão dadas."

Em um ano, ela estava montando hospitais de campanha para soldados feridos na Crimeia. As condições eram horripilantes. Homens morriam nos corredores dos prédios e nos conveses de navios por falta de leitos. Ratazanas roubavam comida de seus pratos. Pacientes se espremiam, sem roupa, em hospitais congelantes, alguns passando seus últimos momentos de vida completamente nus. A comida era inadequada e os médicos, incompetentes. Ela entrou em contato com tudo o que os pais tinham tentado impedir, para que não se maculasse. O bastante para afugentar até mesmo os servidores públicos mais corajosos.

"Conheci bem", explicou ela, "as moradias das piores partes da maioria das grandes cidades da Europa, mas nunca estive em uma atmosfera comparável à que encontrei no Hospital de Caserna à noite." Àquela altura, o medo tinha passado. Em seu lugar, havia uma determinação inabalável. Ela custeou as reformas com o próprio dinheiro e foi trabalhar.

Henry Wadsworth Longfellow capturaria perfeitamente a imagem heroica de Nightingale em um de seus poemas, contrastando os corredores feios e tristes do hospital com a imagem de Florence, indo de quarto em quarto, com uma lamparina e seu bom humor.

Nos anais da Inglaterra, durante o longo
Porvir de seu discurso e canção,
A luz deve lançar seus raios
Dos portais do passado.

Uma Dama com um Lampião ficará
Na grande história da humanidade,
Um tipo nobre de bem,
Uma heroica feminilidade.

Heroica, *ponto-final*. Somente possível porque ela foi corajosa o bastante para superar aqueles medos comuns, mas poderosos.

Seu trabalho na Crimeia, realizado durante os confrontos, colocando-a sob grande risco — Nightingale inclusive contraiu "febre da Crimeia" (brucelose), doença que a afligiu pelo resto da vida —, inspiraria o movimento da Cruz Vermelha. As inovações e seu trabalho pioneiro posterior na sistematização dos cuidados aos doentes e vulneráveis continuam beneficiando todo mundo que esteve em um hospital nos 180 anos desde que ela se desviou do caminho em que tantas pessoas estavam determinadas a intimidá-la a permanecer.

A mãe chorara quando a filha se impôs. "Somos patos que chocaram um cisne selvagem", declarou. Imagine chorar porque a própria filha acabou se revelando especial. Imagine crescer em uma casa onde isso aconteceu. Como Strachey escreveu, a mãe de Nightingale estava errada. A filha não era um cisne. Tinham dado à luz uma *águia*. Ela passara por um longo período de incubação, muito tempo no ninho, mas quando voou foi destemida.

Nosso propósito de vida vem de algum lugar além de nós, é maior do que nós. Todos recebemos algum chamado. Somos selecionados. Somos escolhidos... mas escolheremos aceitar isso? Ou fugiremos?

A decisão é nossa.

Uma maneira de encarar a história de Nightingale é considerar que ela passou anos ignorando seu chamado. A outra é pensar que ela estava se preparando para sua missão de vida. Levou um tempo para Florence ver através da neblina e dos ruídos da família e da sociedade que tentavam desencorajá-la a fazer o que precisava ser feito. Levou um tempo para adquirir as habilidades das quais precisava para mudar a enfermagem.

Nas duas versões, o medo — e o triunfo sobre ele — é a batalha que define sua existência. Assim como no caso de todas as pessoas que mudaram o mundo. Não há nada digno de ser feito que não seja assustador. Não existe ninguém que tenha conquistado a grandeza sem lutar contra as próprias dúvidas, ansiedades, limitações e fantasmas.

No fim das contas, para Nightingale, a experiência foi formadora. Quando finalmente mergulhou na criação de hospitais e na reforma dos sistemas de saúde militar e civil da Inglaterra, deparou com uma oposição inacreditável — da burocracia, das condições climáticas e do poder político da época. Precisou ser mais do que um anjo da misericórdia na ala dos doentes, precisou ser intendente, secretária, lobista, delatora, ativista e administradora. Foi sua capacidade de persistir diante da oposição incansável e intimidadora, de travar uma batalha paciente, mas infatigável, contra aqueles que queriam detê-la, que tornaria seu trabalho possível.

Ninguém mais conseguia intimidá-la. Ela não seria oprimida.

"Sua carta foi escrita na Belgrave Square", afirmou em uma carta desafiando o secretário de Estado da Guerra da Inglaterra, "eu escrevo de uma cabana na Crimeia. O ponto de vista é diferente."

Essas são as palavras de uma mulher que, poucos meses antes, temia decepcionar a mãe histérica. Mas depois, quando um médico — ou qualquer pessoa — lhe dizia que algo não podia ser feito, ela respondia com uma autoridade tranquila: "Mas precisa ser feito." E se não o fosse — por exemplo, quando um hospital no qual trabalhava se recusou a admitir católicos e judeus —, ela ameaçava pedir demissão. Eles entendiam o recado.

Seu contato com o medo ajudou-a a se conectar e a amar os milhares de pacientes moribundos de quem cuidara. "Apreensão, incerteza, espera, expectativa e medo de surpresas fazem mais mal a um paciente do que qualquer esforço físico", escreveu Nightingale. "Lembre-se de que ele está cara a cara com o inimigo o tempo todo, lutando internamente contra ele, tendo longas conversas imaginárias com ele." Era uma batalha que ela conhecia por experiência própria, e era uma batalha que podia ajudá-los a vencer.

Hoje, cada um de nós recebe o próprio chamado.

Para servir.

Para se arriscar.

Para desafiar o *statu quo*.

Para correr *ao encontro* de alguma coisa enquanto os outros fogem.
Para ir além.
Para fazer algo que as pessoas dizem ser impossível.
Haverá muitas razões pelas quais isso parecerá a coisa errada a se fazer. Haverá uma pressão incrível para que expulsemos de nossa mente esses pensamentos, esses sonhos, essa *necessidade*. Dependendo de onde estamos e do que queremos fazer, a resistência que enfrentamos pode ser mero incentivo... ou violência direta.
O medo vai surgir. Sempre surge.
Vamos deixá-lo nos impedir de atender ao chamado? Vamos deixar o telefone tocando?
Ou vamos nos aproximar cada vez mais, como Nightingale, fortalecendo-nos e nos preparando, até que estejamos prontos para fazer o que fomos convocados a fazer?

O IMPORTANTE É NÃO ESTAR AMEDRONTADO

~

É fácil sentir medo. Ainda mais nos últimos tempos. Os acontecimentos podem se intensificar a qualquer momento. Há incerteza. Você pode perder o emprego. Depois, a casa e o carro. Algo pode acontecer até com seus filhos.

É óbvio sentir algo quando a situação está instável. Como não? Até mesmo os antigos estoicos, que supostamente dominavam todas as emoções, reconheciam que temos reações involuntárias. A barulhos altos. À incerteza. A ataques.

Tinham uma palavra para essas impressões imediatas, precognitivas, das coisas: *phantasiai*. E não se deveria confiar nelas.

Você sabe qual é a frase mais dita na Bíblia? É "nada temas". Essas palavras se repetem, uma advertência dos céus para que não deixemos as *phantasiai* assumirem o controle.

"Seja forte e corajoso", lemos no Livro de Josué, "não se apavore nem tenha medo." Em Deuteronômio: "Quando chegar a hora da batalha contra seus inimigos e você vir cavalos e carruagens, e um povo maior do que o seu, não os tema." Em Provérbios: "Não tema o medo repentino, tampouco a desolação dos perversos, quando ela chegar." Em Deuteronômio, mais uma vez, ecoando o Livro de Josué, Moisés o chama e o envia para Israel. "Seja forte e corajoso", diz para Josué, "pois você deve ir com este povo para a terra que o Senhor prometeu aos seus ancestrais que daria a eles, e você deve dividi-la entre eles como sua herança... Não tenha medo, não se sinta desencorajado."*

---

* Se a Bíblia não funcionar para você, algumas versões de "Não temas", "Tenha coragem" e "Não tenha medo" aparecem mais de uma dezena de vezes na *Odisseia*.

Os estoicos e os cristãos não culpavam ninguém por sentir medo, por ter uma reação emocional. Só se importavam com o que você fazia *depois que o ápice do sentimento passava.* "Tenha medo. Você não pode evitar", como disse Faulkner. "Mas não fique *amedrontado.*" É uma distinção importante. O medo é uma descarga emocional temporária. Pode ser perdoado. Estar amedrontado é um estado, e permitir que ele nos domine é uma desgraça.

Um ajuda você — deixa-o alerta, desperta e informa sobre o perigo; o outro arrasta você para baixo, enfraquece e até paralisa.

Em um mundo de incertezas, em uma época de perturbações, de problemas complicados, o medo é uma desvantagem. O medo nos impede de agir.

Não há problema em sentir medo. Quem não sentiria? O problema é deixar que isso detenha você.

Há uma oração hebraica que data do começo do século XIX: כל העולם כולו גשר צר מאוד והעיקר לא לפחד כלל [O mundo é uma ponte estreita, e o importante é não ficar amedrontado].

A sabedoria dessas palavras ajudou o povo judeu a superar adversidades inacreditáveis e tragédias terríveis. Essa oração foi até transformada em uma canção popular que era transmitida tanto para as tropas quanto para os cidadãos durante a Guerra do Yom Kippur. É um lembrete: sim, as coisas estão perigosas, e é fácil ficar com medo quando olhamos para baixo e não para a frente. O medo não ajudará.

Nunca ajuda.

Quando a bolsa de valores quebrou em outubro de 1929, os Estados Unidos enfrentaram uma crise econômica terrível que durou dez anos. Bancos faliram. Investidores foram arruinados. A taxa de desemprego estava em cerca de vinte por cento.

Franklin Delano Roosevelt sucedeu um presidente que, durante *três anos e meio,* tentara minimizar o problema e fracassara. Estava com medo? É óbvio. Como poderia não estar? *Todo mundo* estava com medo.

Mas o conselho que deu no lendário discurso de posse em 1933 foi que o *medo* era uma escolha. O medo era o verdadeiro inimigo, porque só piorava a situação. Destruiria os bancos que ainda restavam. Voltaria as pessoas umas contra as outras. Impediria a implementação de soluções cooperativas.

Quem consegue fazer um bom trabalho quando está com medo? Quem consegue ver com nitidez? Quem consegue ajudar os outros? Quem consegue amar? Quem consegue fazer *qualquer coisa*?

O receptor não consegue pegar a bola de futebol americano caso se encolha com medo do tranco. O artista não consegue se apresentar se treme diante das críticas. O político raramente tomará a decisão certa caso se preocupe com as consequências nas urnas. O casal nunca formará uma família se só conseguir pensar nas dificuldades da situação.

Não existe espaço para o medo. Não em relação ao que desejamos fazer.

A vida que estamos vivendo e o mundo que habitamos são assustadores. Se desviarmos o olhar para baixo enquanto atravessamos uma ponte estreita, podemos perder a coragem de seguir em frente. Ficamos paralisados. Precisamos nos sentar. Não tomamos boas decisões. Não conseguimos ver nem pensar direito.

O importante é que não estejamos amedrontados.

DERROTAMOS O MEDO COM A LÓGICA

~

Péricles, o grande estadista ateniense, certa vez deparou com suas tropas paralisadas pelos sinais de uma tempestade. Parece bobo, mas como você se sentiria se não tivesse a menor ideia do que era um trovão ou do que o provocava?

Péricles não conseguia explicar totalmente a ciência do que estava acontecendo, mas chegou perto. Pegando duas pedras grandes, reuniu seus homens e começou a bater uma pedra contra a outra, *bum, bum, bum.*

O que vocês acham que o trovão é, disse, além de nuvens fazendo a mesma coisa?

Já foi dito que líderes são comerciantes de esperança, mas, de uma perspectiva mais prática, também são assassinos do medo.

"False Evidence Appearing Real" [Evidência Falsa Aparentando ser Real]. Nos grupos de sobriedade, enquanto tentam reconfortar e aplacar as preocupações que impedem um dependente químico de fazer mudanças e experimentar coisas novas, isso é o que chamam de F.E.A.R. [medo, em inglês]. Impressões falsas que parecem reais.

O que precisamos fazer é explorar essas impressões — por nós mesmos e pelos outros. Precisamos destrinchá-las logicamente, como Péricles fez. Ir ao seu cerne. Compreendê-las. Explicá-las.

Em outra ocasião, quando a peste assolava Atenas, Péricles embarcou com a Marinha para lutar contra o inimigo. Contudo, de repente, assim que as tropas começavam a partir e ele já estava a bordo do navio, um eclipse obscureceu o Sol. O medo se espalhou rapidamente entre os homens, que consideraram a surpresa um mau augúrio. Péricles não usou um grande discurso para inspirar seus homens a se animarem, e sim um pouco de lógica simples. Caminhou até um timoneiro e o cobriu com sua capa. "O que aconteceu", declarou, "quer dizer apenas que algo maior do que minha capa provocou a escuridão, ou há alguma diferença?"

A vida ainda é imprevisível. Há muitas coisas de que não sabemos. É óbvio que ficamos assustados com facilidade. É óbvio que estamos sujeitos aos caprichos de nossos medos e nossas dúvidas.

A única maneira de seguir em frente é atacando o medo. De forma lógica. Objetiva. Enfática.

Bravura é a capacidade de fazer isso, disse Péricles aos seus conterrâneos atenienses enquanto as perdas causadas pela guerra e pela peste aumentavam cada vez mais. Precisavam ser calmos, racionais e objetivos. Péricles prosseguiu afirmando que precisamos destrinchar o que está diante de nós, aprendendo "o significado do que a vida nos traz de doce e de terrível, e depois partir, com determinação, ao encontro do que está por vir".

A parte de seu cérebro que vê o pior, que extrapola a situação mais impensável de todas e subestima sua capacidade de lidar com os fatos... Ela não é sua amiga. Nem é uma fonte da verdade.

A voz que torce contra você? A tendência de imaginar catástrofes e exagerar? Nada disso é útil. Não está lhe transmitindo uma imagem realista do mundo. Com certeza, não está tornando você mais corajoso!

Diga a si mesmo: é só dinheiro. É só um artigo ruim. É só uma reunião com pessoas gritando umas com as outras. Isso é algo a se temer?

Destrinche a situação. Olhe objetivamente para os fatos. Analise.

Só então poderemos ver.

"Não o que seu inimigo vê e espera que você veja", escreveu Marco Aurélio, "mas o que *realmente está lá*."

ESTE É O INIMIGO

A raiz da maioria dos medos é o que as outras pessoas pensarão de nós. É paralisante. Gera distorções. Deturpa a realidade — faz com que nos comportemos de maneiras tão insanas e covardes que é difícil até mesmo de descrever.

"São muitos os que não ousam se matar por medo do que os vizinhos dirão", brincou certa vez Cyril Connolly. Nós nos importamos tanto com o que as outras pessoas pensam que temos medo mesmo quando nem sequer estaríamos por perto para ouvir seus comentários.

Obviamente, o paradoxo é que quase tudo novo, tudo notável, tudo *certo*, foi feito sob objeções barulhentas do *statu quo*. Muito do que hoje é amado foi malvisto na época de sua criação ou adoção, por pessoas que, agora, fingem que isso nunca aconteceu. Com frequência, não temos a capacidade ou a vontade de ver que as objeções dessas pessoas são apenas um obstáculo por cima do qual devemos passar.

Depois que Frank Serpico denunciou a corrupção no Departamento de Polícia de Nova York, outro policial honesto o parabenizou. "Mas por que você não ficou do meu lado?", perguntou Serpico, "por que não se manifestou quando eu precisava de ajuda?" "O quê?", respondeu o outro homem. "E ser um rejeitado igual a você?"

Hum, sim! Por que qual era a alternativa? Permitir que seus colegas extorquissem as pessoas que deveriam proteger? Permitir que colaborassem com os criminosos dos quais o povo deveria ser protegido?

As pessoas preferem ser cúmplices de um crime a se manifestar. Preferem morrer em uma pandemia a ser o único de máscara. Preferem continuar em um emprego que odeiam a explicar por que o largaram para fazer algo menos estável. Preferem seguir uma moda boba a ousar questioná-la. Perder o que economizaram a vida toda em estouros de bolhas econômicas é, de alguma maneira, menos doloroso do que aparentar ser burro por ter ficado de fora enquanto a bolha inflava. Preferem seguir algo que manchará seu legado a erguer a voz só um pouco e correr o risco de ficar sozinho ou isolado, ainda que por apenas dez minutos.

Seria muito bom se nos lembrássemos da reprimenda de Cícero — um homem de quem riram por causa da origem *nouveau riche*, de seu esforço sincero e de seu amor pela linguagem rebuscada — às pessoas que sempre falaram, fofocaram e desdenharam dele. "Deixe que os outros se preocupem com o que dirão sobre você, eles dirão de qualquer jeito."*

Você não pode deixar o medo dominar. Porque ninguém nunca fez algo que importasse *sem* irritar outras pessoas. Nunca houve uma mudança que não tenha sido recebida com dúvidas. Nunca houve um movimento do qual não tenham zombado. Nunca houve uma empresa inovadora que não tenha sido amplamente avisada de que estava destinada a falir.

E nunca, nunca mesmo, houve uma situação em que a opinião de estranhos que não dão satisfação a ninguém devesse ser valorizada acima do nosso julgamento ponderado.

---

* Como veremos, teria sido muito bom que esse político pouco confiável tivesse seguido seu próprio conselho.

SEMPRE ACHAMOS QUE EXISTEM MAIS DELES, ATÉ QUE OS CONTAMOS

～

Era o início de sua carreira militar, e Ulysses S. Grant estava em uma longa viagem pelo leste do Texas. Os suprimentos começaram a ficar escassos. Um de seus homens estava doente. Um cavalo entrou em estado de exaustão.

Ali, em um território perigoso, à mercê de indígenas, de bandidos e do clima, precisando viajar mais de cem quilômetros até a cidade de Corpus Christi para evitar ser declarado desertor, Grant e mais um homem partiram sozinhos, às pressas e vulneráveis, com inúmeros córregos e rios para atravessar em um território hostil repleto de vegetação densa e cascavéis.

E lobos — os dois ouviram "um uivar sobrenatural de lobos". Não conseguiam ver nada através da grama alta da pradaria, mas a alcateia com certeza estava próxima. Próxima, feroz e, como escreveu Grant, pronta para "nos devorar, com cavalos e tudo o mais, em uma única refeição". Ele queria dar meia-volta; na verdade, rezou em segredo para que seu companheiro sugerisse que fizessem isso, não desejando nada além de se abrigar em um local seguro.

O outro oficial, um pouco mais calejado e experiente do que Grant, sorria e seguia em frente. "Grant, quantos lobos você acha que há na alcateia?", perguntou. Sem querer parecer burro nem covarde, Grant tentou amenizar casualmente a ameaça que o aterrorizava. "Ah, uns vinte", disse, com uma indiferença que revelou seu coração disparado.

De repente, Grant e o oficial depararam com a fonte dos uivos. Descansando confortavelmente com uma confiança maliciosa, havia somente *dois* lobos. Ele estava tão assustado com um perigo que não lhe era familiar que jamais pensou em questionar seu coração disparado nem as extrapolações de sua mente.

Quatro décadas mais tarde, depois de uma vida inteira em funções públicas e na política, Grant relatou que, quando ouvia sobre um grupo que mudava seus princípios por causa de críticas ou quando alguém estava considerando desistir por conta de condições adversas ou de um inimigo invisível, pensava com frequência naquele incidente. A lição era a seguinte: "Sempre achamos que existem mais deles, até que os contamos."

Os obstáculos, os inimigos, os críticos... não são tão numerosos quanto você pensa. Isso é o que querem que você acredite.

Eles também aprenderam outra lição: o que você acha que os lobos fizeram quando viram que Grant simplesmente continuava avançando, sem recuar por causa do medo? Os lobos *fugiram*.

Em 1861, Grant se tornou tenente-coronel no exército da União e foi enviado para enfrentar um exército Confederado liderado pelo coronel Thomas Harris, no Missouri. Embora Grant já tivesse passado por batalhas, embora tivesse aprendido com os lobos, estava, mais uma vez, com medo.

O campo havia sido arrasado. Ao longo de quarenta quilômetros, não havia uma única pessoa à vista, como se uma tempestade estivesse chegando e ninguém quisesse ser pego.

De novo, afirmou Grant, seu coração batia cada vez mais rápido, dando a impressão de que pularia da boca. "Naquele momento, teria dado qualquer coisa para voltar a Illinois", escreveu, "mas eu não tinha coragem de parar e pensar no que fazer."

Justamente quando estava com mais medo, quando sentia que não tinha como atacar, lutar e se sujeitar ao terror da batalha, Grant chegou ao topo da colina, esperando dar de cara com o inimigo.

Só que o inimigo tinha partido. Tinham fugido quando souberam que Grant e suas tropas estavam vindo atrás deles.

"Imediatamente, ocorreu-me que Harris estava com tanto medo de mim quanto eu dele", escreveu Grant. "Era um ponto de vista que eu nunca tinha adotado, mas do qual nunca mais me esqueci. Depois daquilo, até o fim da guerra, nunca mais senti medo de confrontar um inimigo, embora sempre tenha sentido um pouco de ansiedade. Nunca me esqueci de que meu inimigo tinha tantos motivos para temer minhas forças quanto eu as dele. Foi uma lição valiosa."

A noite é escura e repleta de terrores. Enfrentamos muitos inimigos na vida. Precisamos, porém, entender que eles não são nem de longe tão formidáveis quanto nossa mente nos faz acreditar.

Quer se trate do medo que você sente ao abordar uma pessoa famosa em uma festa, do medo de conversar com seus filhos sobre sexo ou do medo de pedir um aumento ao seu chefe, a verdade é que os dois lados ficam desconfortáveis, se não com medo. O temor é mútuo.

Você os superestima... e eles superestimam você.

Será que a pessoa que entrevista você para um cargo *quer* estar fazendo aquilo? Será que sente prazer em lhe fazer aquelas perguntas? Não, ela também tem medo de falar besteira. O diretor rabugento em seu primeiro dia no set de filmagem, o sargento com uma nova leva de recrutas, o gerente decidindo se contrata você — a aura de segurança deles é uma ilusão. Estão tão nervosos quanto qualquer outra pessoa. Também estão fingindo.

E quando os examinar com atenção, você descobrirá que a disparidade não é tão grande quanto imaginava.

Um pouco de consciência e um pouco de empatia não nos tornam fracos; nos dão confiança.

Agora, vemos o que realmente está diante de nós. Agora, *todo mundo* está com mais medo do que nós.

QUAL É O PIOR CENÁRIO POSSÍVEL?

~

Temos medo do que não conhecemos. Ou não exatamente, pelo menos. O que tememos se aproxima, mas em um futuro distante. Ou fica em nosso estômago, revirando-se e se contorcendo, mas, mesmo assim, de forma vaga e indefinida. Tememos que algo ruim possa acontecer. Tememos que as coisas não deem certo. Tememos as consequências. Tememos o que as pessoas vão pensar.

Mas *o quê, onde, quando, como, quem*? Não temos como responder, pois não analisamos a situação a fundo. Não definimos de fato o que tanto nos preocupa. Nossos medos não são concretos, são sombras, ilusões, refrações que captamos em algum lugar ou que vislumbramos por um instante.

Isso precisa acabar. Aqui e agora.

O empreendedor e escritor Tim Ferriss falou sobre o exercício de "definição do medo" — de determinar e articular os pesadelos, as ansiedades e as dúvidas que nos detêm. Na verdade, as raízes ancestrais dessa prática datam, pelo menos, dos estoicos. Sêneca falava da *premeditatio malorum*, a meditação deliberada sobre os males que podemos encontrar.

"Exílio, guerra, tortura, naufrágio", disse Sêneca, "todos os termos da condição humana poderiam estar em nossa mente." Não na forma de medo, mas na forma de familiaridade. Qual é a probabilidade de eles se tornarem reais? O que poderia causá-los? *Como tememos nos preparado para lidar com eles?* Para Sêneca, os golpes inesperados são os que nos atingem com mais força e de forma mais dolorosa. Portanto, ao esperar, ao definir, ao enfrentar o que pode acontecer, estamos, ao mesmo tempo, tornando essas coisas menos assustadoras e menos perigosas.

"Imagine se as fontes de petróleo secarem?!", dizia a si mesmo John D. Rockefeller, como um exercício para impedir que se tornasse complacente. Portanto, construiu sua fortuna agindo de modo ousado durante os repetidos surtos financeiros do século XIX.

Napoleão acreditava que um comandante deveria se perguntar várias vezes por dia: "E se o inimigo aparecesse agora na minha frente, à minha direita, à minha esquerda?" Sabemos que o propósito desse exercício não era deixar os generais ansiosos, mas assegurar que estivessem sempre preparados.

Contudo, ficamos preocupados demais com "abusar da sorte" ou "atrair energias ruins" para praticar esse tipo de liderança diligente. E, na verdade, a função de pensar o impensável é do líder. Por mais de dois mil anos, líderes militares seguiram uma versão diferente da mesma máxima: o único erro indesculpável de um oficial é ser surpreendido; dizer *eu não pensei que isso pudesse acontecer*.

Todos precisamos cultivar a coragem de realmente encarar aquilo de que temos medo. Temos medo de falar com alguém que achamos atraente do outro lado da sala. Mas por quê? Quais são as possíveis consequências? Se tornar alvo de risadas? Ser rejeitado? Não queremos nos manifestar, mas por quê? Porque podemos ser criticados? Porque, na pior das hipóteses, poderíamos ter que procurar um novo emprego, sendo que já estávamos inclusive pensando nisso? Porque poderíamos morrer ou ser mortos? Da mesma maneira que poderíamos morrer sempre que embarcamos em um avião, sempre que atravessamos a rua, sempre que despertamos como seres frágeis e mortais?

Precisamos cultivar a coragem de pensar sobre todas as coisas que poderiam acontecer, as coisas sobre as quais é desagradável pensar, o incomum, o inesperado, o improvável. Não é somente uma questão de reduzir nossa ansiedade em relação a incertezas exageradas, trata-se também de encontrar certeza no desconhecido — os fatores de risco, as coisas que fazem barulho à noite, os planos do inimigo, tudo que pode e vai dar errado.

Nada do que é humano deve ser estranho para nós. Nada do que é possível deve permanecer desconhecido.

Douglas MacArthur resumiu todos os fracassos da guerra e da vida em duas palavras: "Tarde demais." Tarde demais para se preparar, tarde demais para tentar compreender as intenções do inimigo, tarde demais para conseguir aliados, tarde demais para líderes trocarem informações de contatos, tarde demais para sair às pressas e ajudar os necessitados. Tarde demais para pensar em algo específico; para fazer as contas, como Grant nos ensina, para se preparar para o surgimento do inimigo, como alertou Napoleão.

Um pouco deprimente? Talvez. Mas é melhor ser pessimista e estar preparado do que a outra alternativa. Aristóteles afirmou que os otimistas são os mais vulneráveis, pois "quando o resultado não é o esperado, eles fogem".

Preveja o pior para fazer o melhor.

Quando definimos quais são nossos medos, podemos derrotá-los. Quando articulamos nossa desvantagem, podemos compará-la a nossas vantagens. Quando contamos os lobos, há menos deles do que supúnhamos. Montanhas se transformam em montículos, monstros se revelam apenas homens.

Quando humanizamos nossos inimigos, podemos compreendê-los melhor. O que pensávamos que eram custos enormes acabam sendo apenas cálculos simples — cálculos que valem muito a pena. Percebemos que os riscos podem ser facilmente superados pelas recompensas. Situações inesperadas acontecem, e podemos estar preparados. Ataques que previmos podem ser repelidos. A gama de possibilidades é reduzida, o alcance da lei de Murphy é diminuído.

Um medo vago é o suficiente para nos deter. No entanto, quanto mais for explorado, menos força terá sobre nós. É por isso que devemos atacar essas premissas equivocadas e extirpá-las como cânceres.

Tínhamos medo porque não sabíamos. Éramos vulneráveis porque não sabíamos.

Mas agora sabemos.

E, com consciência, podemos seguir em frente.

NÃO TEMA AS DIFICULDADES

~

Sêneca se preparou para todas as possibilidades e dificuldades da vida. No entanto, não tinha como imaginar que *tudo* aconteceria com ele. Guerra. Naufrágio. Tortura. Exílio. Tudo isso... e uma tuberculose. A morte de um filho. A insanidade de Nero. A calúnia dos críticos.

Por um lado, deve ter sentido que tudo foi uma grande infelicidade. Por outro, sabia que aquilo o estava tornando a pessoa que estava destinado a ser.

"Aquele que venceu sem perigo venceu sem glória", escreveu. "Múcio foi testado pelo fogo; Fabrício, pela pobreza; Rutílio, pela tortura; Sócrates, pelo veneno; Catão, pela morte. Só se pode encontrar um grande exemplo no infortúnio."

Não se preocupe pensando se as coisas serão ou não difíceis. *Porque serão.*

Em vez disso, concentre-se no fato de que essas coisas ajudarão você.

Nossas feridas e cicatrizes formam uma armadura. Nossas dificuldades se tornam experiência. Elas nos fazem pessoas melhores e nos prepararam para este momento da mesma forma que este momento nos preparará para outro que nos aguarda mais adiante. Elas são o tempero que faz a vitória ser tão doce.

Se fosse fácil, todos o fariam. O risco é uma característica, e não um defeito.

Nec aspera terrent. Não tema as dificuldades.

Seja como um atleta, que sabe que um treino árduo lhe proporciona músculos mais fortes.

"Não há nada melhor do que a adversidade", disse Malcolm X. "Cada derrota, cada decepção, cada perda contém uma semente, uma lição sobre como melhorar seu desempenho da próxima vez."

Como seria possível confiar em si mesmo se você não tivesse superado coisas mais difíceis? Como seria possível acreditar que *talvez* sobreviva a determinada situação se não tivesse sobrevivido a outras coisas antes?

O aspecto mais insano sobre os gladiadores do Coliseu, por exemplo, é que muitos eram voluntários, na verdade. Queriam ver se eram bons o bastante. Precisamos de adversários e de adversidades para existir. "Fartura e paz geram covardes", disse Shakespeare. "Condições árduas são sempre a mãe do vigor."

Não é ruim que algo esteja acontecendo com você. É um bom treino. Além disso, não é todo mundo que tem a força de enxergar a situação deste ponto de vista.

Esse momento é um teste. Esses momentos são chamados de *provação* por um motivo. É bom que estejam acontecendo agora, e não depois — porque depois você vai ser melhor por ter passado por eles agora. Entendeu?

Você acha que seria melhor se as coisas fossem fáceis. Você gostaria de não ter que correr o risco. Se ao menos o salto não parecesse tão perigoso... Mas isso é apenas o medo falando.

É bom que seja difícil. Isso limita os covardes e instiga os corajosos.

Certo?

CONCENTRE-SE NO QUE ESTÁ À SUA FRENTE

O general Demóstenes despertou e descobriu que estava prestes a ser atacado tanto por mar quanto por terra. Era avassalador. Era assustador. Ele podia sentir. E seus homens também. Portanto, o general fez a única coisa concebível: tentou se defender do ataque. Ao enviar seus homens para o mar, fez um discurso que todos deveríamos ouvir quando estamos lidando com um problema grave, talvez até impossível.

"Soldados e companheiros desta aventura, espero que nenhum de vocês, em nossa atual situação, pense em demonstrar sua esperteza calculando todos os perigos que nos cercam, mas, sim, que se apressem em combater o inimigo, sem perder tempo ponderando quanto às chances, e encarando isso como a melhor possibilidade de sair a salvo. Cálculos não cabem em emergências como a nossa; quanto antes o perigo for enfrentado, melhor."

Podemos dizer que o medo é a única coisa que todos temos em comum. Todos sentimos ansiedade, preocupação, dúvida, estresse. De crianças a reis, de soldados a pais e mães que ficam em casa cuidando dos filhos, todos lidamos com essas sensações, seja em momentos relevantes ou nem tanto.

A ansiedade nos ajuda? Catalogar todos os perigos e problemas? Permitir que o medo paire sobre nós, cada vez maior? Não!

"A vida, como um todo, é um negócio arriscado demais para que cada particularidade adicional do perigo seja digna de consideração", escreveu Robert Louis Stevenson. É melhor simplesmente entrar em ação. Enfrentar o que você tiver que enfrentar quanto antes.

"Não permita que sua reflexão sobre todo o arco da vida lhe esmague", declarou Marco Aurélio. "Não encha sua mente com todas as coisas ruins que ainda podem acontecer. Permaneça concentrado na situação presente e pergunte a si mesmo por que ela é tão insuportável e por que não é possível sobreviver a ela."

Mas para quem ele disse isso?

Disse *para si mesmo*. O homem mais poderoso do mundo, que governava um império gigantesco e comandava o exército mais temido de todos, estava ansioso e com medo.

É óbvio que estava! Uma peste. Uma ameaça na fronteira. Um golpe no palácio. Um filho difícil. *A vida* se impôs a ele.

Não importa quem você seja, provavelmente tem algo com o que se preocupar. E a preocupação está ajudando? Não. Ela nos distrai e nos deixa obcecados. Ela nos faz mergulhar em um poço de dúvida e insegurança, cheio de fantasias exageradas e previsões apocalípticas. Tudo isso são custos cognitivos que tiram nosso foco da tarefa diante de nós.

Nas trincheiras da França, em 1916, o poeta Wilfred Owen descreveu esse sentimento de modo belíssimo:

> Felizes aqueles que perdem a imaginação:
> Têm o bastante para carregar de munição.

É quando imaginamos de tudo, quando pensamos incessantemente de modo catastrófico, que nos sentimos mais infelizes e com mais medo. Contudo, quando nos concentramos no que precisamos aguentar e no que devemos fazer, ficamos ocupados demais para nos preocupar, ocupados demais *trabalhando*.

Há bastante coisa para apreender neste momento. É por isso que os estoicos falavam de se ater às "primeiras impressões". Somente o que você vê. O que está aqui. Não todo o resto que poderá ou não estar relacionado a isto.

A decisão a tomar. O cheque a preencher. A corda bamba a atravessar, a multidão contra a qual investir.

É o bastante. Até demais.

Na primeira caminhada espacial do astronauta canadense Chris Hadfield, ele perdeu a visão do olho esquerdo. O olho direito também começou a lacrimejar e congelou. Ele foi mergulhado na escuridão absoluta, cambaleando à beira de um abismo mais escuro ainda. Depois, disse que o segredo para enfrentar tais momentos é lembrar a si mesmo de que "há seis coisas que posso fazer agora, e todas ajudarão a melhorar a situação". E, embora seja válido se lembrar de que, como ele disse, "não existe um problema tão grave que você não possa piorar", não devemos nos esquecer de que toda a energia que gastamos temendo o que podemos piorar é energia não despendida em busca do que podemos melhorar.

Sejam seis coisas ou cinco — ou *sessenta e cinco* —, a questão é que o que realmente importa está à sua frente. Quanto antes, melhor, como afirmou Demóstenes.

Então como é possível alcançar seu melhor desempenho se sua mente estiver em outro lugar? Se você estiver preocupado com a reação das pessoas? Se já está meio que se preparando para o fracasso? Se já se prendeu a todas as razões que apontam que é uma má ideia?

A resposta é simples: não é possível.

Como você concilia o "não se preocupe com o dia de amanhã" com o ato de se preparar mentalmente para tudo o que pode acontecer? Sêneca, que inspirou o exercício de definição de medos de Tim Ferriss, disse que estamos fazendo isso por um motivo, e que esse motivo não é ansiedade.

> Dedique-se a pensar em soluções para as dificuldades — tempos difíceis podem ser suavizados, apertos podem ser afrouxados e cargas pesadas podem ficar mais leves para aqueles que conseguem aplicar a pressão certa.

É um equilíbrio difícil, mas você consegue.

NUNCA QUESTIONE A CORAGEM ALHEIA

Enquanto James Baldwin refletia sobre a morte do pai, um homem que ele amava e odiava, pensou que só vira o exterior do homem. Escondida sob seus fracassos como pai, havia uma luta interior singular que nenhuma outra pessoa jamais será capaz de compreender. É por isso que, no funeral do pai, as frases do padre o atingiram com tanta força:

> Vocês conhecem a queda deste homem, mas não conhecem sua luta.

É muito fácil julgar.
É muito difícil *saber*.
Saber pelo que outra pessoa está passando. Saber quais são os motivos por trás de seu comportamento. Saber quais riscos ela está tentando administrar, quem e o que está tentando proteger.

Após se tornar premiê da União Soviética, Nikita Kruschev discursou para o Politburo. No palco, ele denunciou os crimes do regime de Stalin. Anonimamente, um membro passou um bilhete para a frente da sala. "Sim", dizia, "mas onde você estava na época?"

Kruschev teve dificuldade para responder, fez uma pausa e depois disse: *"Estava onde você está agora."*

Ou seja, na plateia. Anônimo. Sem fazer nada. Assim como todas as outras pessoas.

Não sabemos por que nos acovardamos, por que somos ambíguos, por que não conseguimos fazer o que é considerado certo. É difícil para as pessoas compreenderem algo quando o salário delas depende, acima de tudo, de que não compreendam. Não sabemos a extensão total da luta e do fardo que recaiu sobre os outros. Deveríamos tentar não os culpar, pois nunca podemos apreender verdadeiramente suas experiências.

O que sabemos é que, em muitas áreas de nossa vida, o medo está nos detendo, nos cegando e nos derrotando.

É complicado: às vezes, uma pessoa pode ser ousada e destemida em determinada área da vida e demonstrar extrema covardia — geralmente moral — em outra. Porque compartimentalizamos. Porque racionalizamos.

A batalha contra o medo é um trabalho em tempo integral. Ninguém é tão bom nisso que possa se dar ao luxo de perder tempo monitorando como os outros estão se saindo nas próprias batalhas. O melhor que podemos fazer é tentar aprender com nossos pares, com o passado e o presente, e aplicar as lições à nossa vida.

Se você tivesse vivido durante a escravidão, ou durante o imperialismo, se tivesse assistido à ascensão do antissemitismo na Europa, se tivesse nascido na Rússia soviética ou na China de Mao, o que teria feito? Teria conseguido ir contra a maré? Teria tido coragem o bastante para pensar de modo independente? Teria sido capaz de resistir a todos os incentivos e normas culturais da época e alforriar as pessoas escravizadas sob seu domínio, aceitar seu filho gay ou apoiar os direitos das mulheres?

O medo é o fator que muda a resposta a essas perguntas.

Ninguém consegue compreender de verdade como seria viver em uma época diferente, com premissas diferentes e compartilhadas por todas as pessoas a seu redor e por tudo o que você lê. Mas também é muito nítido: o que você teria feito na época? Como disse Kruschev, estaria fazendo a mesma coisa que está fazendo hoje.

Não se importe com "O que eu faria no lugar deles?". Pergunte-se: "O que estou fazendo *agora*?"

Na sua vida. Com seus medos.

As pessoas vão ceder. É preciso entender isso. As pessoas terão dificuldades. Como diria Epicteto, moldado pela empatia cultivada durante os trinta anos em que permaneceu escravizado, até que saibamos as motivações de uma pessoa, não sabemos nem sequer se ela agiu erroneamente.

Também não temos a mínima ideia de quão aterrorizados estavam os corajosos. "Só as roupas sujas sabiam com quanto medo eu estava", disse Louis Zamperini ao refletir sobre o período que passou como prisioneiro de guerra no campo japonês de Naoetsu. Felizmente, o medo nunca o derrotou, não por completo e, de todo modo, não publicamente — mas foi por pouco. Não julgue, para que não seja julgado.

Isso quer dizer que ninguém jamais deveria ser responsabilizado por qualquer coisa? Por agir ou não agir? É óbvio que não. Só significa que, no momento, temos muitas coisas em que devemos nos concentrar. Vamos cuidar de nossa vida. Vamos nos empenhar no que importa — e não em condenar ou questionar.

Os vagabundos em Washington... os burocratas em Bruxelas... os idiotas no setor corporativo. Sim, eles são covardes. Mas e você? *O que você está fazendo?*

Se formos acusar qualquer pessoa de covardia, que seja em silêncio, dando o exemplo.

Não desperdice nem um segundo sequer questionando a coragem alheia. Fiscalize somente a sua.

LIVRE-ARBÍTRIO É UMA VERDADE EFICAZ

Em 2007, o blog Gawker revelou em uma postagem agressiva que o investidor em empresas de tecnologia Peter Thiel era gay, zombando de sua vida pessoal. Como era um homem bastante reservado, não surpreende que Thiel tenha considerado a exposição ofensiva. Acreditava que o Vale do Silício era um lugar cuja grandeza estava enraizada em sua capacidade de tolerar esquisitões e pessoas complicadas. Como o mundo seria se não concedessem o benefício da dúvida a ninguém? Se a sexualidade de alguém fosse exposta para consumo público? Se toda ideia fosse alvo de zombaria antes de tentar ser compreendida?

Durante um jantar, ao fazer essas perguntas a amigos, praticamente todos, entre eles pessoas poderosas, disseram a Thiel que não havia nada que ele pudesse fazer sobre o assunto. Por mais injusto e repugnante que fosse, o que acontecera com ele não era ilegal e, portanto, era impossível de ser impedido. Além disso, o Gawker já tinha conseguido se livrar de uma centena de processos. Feito seus adversários chorarem e implorarem por misericórdia.

Não há nada que você possa fazer sobre o assunto.

Já disseram isso a você pela mesma razão que disseram a ele: é uma maneira gentil de fazer com que algo seja deixado de lado.

Thiel, como tantos outros, absorveu a tais declarações, e elas se tornaram realidade. Acreditava que não havia nada a fazer; portanto, durante anos — mesmo com seu brilhantismo e sua fortuna como o primeiro investidor externo do Facebook —, nada aconteceu. Aceitar que não podia agir, que não tinha poder, tornou-se, tomando emprestada uma expressão de Thiel, *uma verdade eficaz*.

É assim que as coisas são, seja você um bilionário ou uma pessoa comum, não importa sua força física ou se tem uma mente brilhante. O medo determina o que é e o que não é possível. Se você acha que algo é assustador demais, é assustador demais para você. Se você acha que não tem nenhum poder... você não tem. Se você não é o senhor de seu destino... então, o destino é seu senhor.

Podemos levar a vida de duas maneiras. Escolhemos entre verdades eficazes: ou temos a capacidade de mudar nossa situação ou estamos à mercê das situações em que nos encontramos. Podemos depender da sorte... ou de causa e efeito.

Obviamente, só porque você pensa que pode fazer algo, não significa que possa. Entretanto, se não acreditar, se estiver com medo, é muito improvável que você *conseguirá*. Quer seja voltar a caminhar ou inventar algo — se você decidir que não é possível, nunca será. Pelo menos, não no seu caso.

Certa vez, Xenofonte, o grande ateniense que comandava a cavalaria, se viu cercado na Pérsia, junto da tropa de dez mil guerreiros gregos sem líderes. Enquanto tentava animar os homens que tinham começado a se desesperar, paralisados de medo e frustração, esperando pelo próximo acontecimento ruim, ele descreveu essa mesma dicotomia. Disse que poderiam escolher entre duas atitudes.

Uma que se perguntava: "O que vai acontecer comigo?"

E a outra, que se perguntava: "O que eu vou fazer?"

Alguns milhares de anos depois, nas mesmas terras longínquas, o general James Mattis lembrou suas tropas da mesma coisa: "Nunca pensem que são impotentes. Escolham sua reação."

"O suprimento de coragem é menor do que o de genialidade", escreveu Thiel certa vez. Inclusive, medo, incerteza e maus conselhos calaram sua genialidade. Apesar de todo o seu dinheiro, de todos os seus contatos, de toda a sua habilidade e seus recursos, ele acreditava que era impotente. Consequentemente, ele era.

Assim como você é em relação aos problemas difíceis que o afligem e intimidam.

Este é o poder da ação — e de nossa crença nela.

TEMOS MEDO DE ACREDITAR

~

Depois de sobreviver aos campos de extermínio nazistas, o psicólogo Viktor Frankl falou sobre sua surpresa diante do "vácuo intelectual" que recaíra sobre a Europa e o Ocidente. O bem vencera o mal, a tecnologia triunfara na luta contra a natureza e a necessidade; contudo, ninguém estava feliz e ninguém tinha nenhuma esperança. O mundo tinha sido bombardeado espiritualmente.

No entanto, foi por causa de suas experiências no Holocausto que Frankl não se desesperou. Postulou uma pergunta urgente para todas as gerações futuras: por que me dei ao trabalho de sobreviver àquele inferno terrível se nada disso tem sentido? O que lhes dá o direito de ser tão inacreditavelmente pessimistas?

Ainda assim, o fenômeno moderno insidioso persiste. As pessoas acham que nada importa.

O vácuo existencial do século XX continua a nos sugar para as suas mandíbulas perversas. Religião, patriotismo, indústria — a crença coletiva nesses pilares da humanidade tem enfraquecido cada dia mais. Basta olhar para o que dizemos a nós mesmos sobre a história. Escolhemos ver a nós mesmos como os descendentes mais recentes de uma longa linha de ancestrais que vêm lutando valentemente contra probabilidades adversas em prol de um mundo melhor? Ou somos os filhos bastardos de racistas, saqueadores e monstros imperdoáveis? Somos o futuro da humanidade — o progresso — ou somos uma praga na Terra?

Devagar e sempre, abandonamos o que costumava nos fazer seguir adiante — que costumava nos dar um objetivo maior. *Não existe paraíso. O Estado é mau. As pessoas são terríveis. A história não é nada além de uma crônica de grandes crimes.* Depois, você soma isso à crença persistente de que o indivíduo não é capaz de causar nenhum impacto. De que está à mercê de forças maiores, que ele não consegue controlar ou às quais não tem chance nenhuma de resistir.

O nome disso é *niilismo*.

Depois, nos perguntamos por que ninguém é corajoso. Qual seria o sentido?

Embora seja triste, essa atitude é segura, pois é baseada em "fatos". Reduz os riscos. Elimina o julgamento, a pressão, a ideia de que podemos decepcionar a nós mesmos ou qualquer outra pessoa. Ela nos dá a desculpa perfeita para continuarmos da mesma maneira, sem nos arriscar nunca, sem tentar nunca, sem nunca precisar nos colocar em perigo.

Os acadêmicos nos lembram de que o oposto de *andreia* — a palavra para "coragem" advinda da Grécia antiga — não é covardia, e sim *melancolia*. Coragem é um comprometimento sincero com ideais nobres. O oposto não é, como alguns defendem, ter medo. É apatia. É desencanto. É desespero. É erguer as mãos e dizer: "Afinal, qual é o sentido disso tudo?"

Se não acreditamos em nada, fica muito difícil encontrar alguma coisa na qual valha a pena acreditar. Damos asas ao nosso niilismo, assim como fazemos quando acreditamos na mentira de que não podemos agir. A alternativa é pensar que, embora não controlemos o que acontece, controlamos nossa reação. Se você teme que não haja nada que possa fazer, é muito provável que não fará nada.

Você também *será* nada. Um nada protegido e que vive dando desculpas.

"Atualmente, falar da vida como se ela tivesse algum sentido é um tabu, da mesma maneira que a sexualidade um dia foi tabu", escreveu o romancista Nicholas Mosley.

Queremos viver em um mundo de pessoas corajosas, e queremos ser corajosos... mas temos medo de falar sobre isso porque podemos parecer tolos!

Os corajosos não se desesperam. Eles acreditam. Não são céticos, se importam. Pensam que há coisas pelas quais vale a pena morrer — que o bem e o mal existem. Sabem que a vida apresenta problemas, mas preferem ser parte da solução a ser apenas um observador. "A vida é real! A vida é honesta!", escreveu Longfellow em seu famoso salmo.

Entretanto, até mesmo dizer isso — para não falar em acreditar nisso — exige certa coragem.

Honestidade não é fácil. Pelo menos não tanto quanto o medo e a dúvida.

Precisamos insistir em acreditar que há um sentido em tudo isso — um sentido na nossa vida, um sentido em nossas decisões, um sentido em quem somos. Que sentido é esse? É o que *fazemos*. São as decisões que tomamos. É o impacto que procuramos causar.

Acreditamos nisso apesar de todas as provas do contrário e de todos os céticos. Porque sabemos que recebemos um chamado para tornar isso realidade.

NÃO PERMITA QUE INTIMIDEM VOCÊ

O senador romano Helvídio Prisco recebeu ordens do imperador Vespasiano para não comparecer ao Senado. Era uma ordem que muitos recebiam. Parar de fazer perguntas. Parar de investigar. Ter muito cuidado, a menos que quisesse ter problemas. O que Vespasiano estava tentando fazer? Não sabemos. Talvez quisesse burlar alguma lei para encobrir ou viabilizar um de seus crimes. Ou talvez só quisesse evitar dores de cabeça. Só sabia que intimidações tinham sido fortes o bastante para deter todos os demais em Roma.

"Você tem o poder de não me permitir ser um membro do Senado", respondeu Helvídio, "mas enquanto eu for, deverei entrar nele."

"Muito bem", disse Vespasiano, surpreso, "mas é melhor você não falar nada."

"Não peça minha opinião", retrucou Helvídio, "e permanecerei em silêncio."

"Mas eu preciso pedir a opinião do Senado", replicou Vespasiano, ficando mais furioso.

"Então eu devo dizer o que acho que é certo", foi a resposta de Helvídio.

Então, inevitavelmente, veio a ameaça de morte.

"Se você não parar, se disser o que lhe pedi que não diga", declarou Vespasiano, apontando para a tropa de choque de pretorianos às suas costas, "matarei você."

Ainda que a maioria de nós jamais receba um ultimato tão explícito, a dinâmica é a mesma. Querem nossa submissão. Querem que não atrapalhemos. Querem que deixemos as coisas como estão.

Isso funcionará? Isso nos fará fazer vista grossa para o quê? Infelizmente, funciona, até mesmo com os poderosos. Helvídio era membro de um grupo da elite, e a maioria de seus colegas aceitou ser acuada. Ainda hoje, as coisas funcionam assim. Senadores se preocupam com a perda da proximidade que têm com o poder. Bilionários evitam controvérsias para não serem excluídos de Davos ou do seu *country club*. Artistas, outrora transgressores, bajulam seus patronos e críticos.

Até os todo-poderosos, tão habituados à bajulação, às vezes acham mais fácil concordar para se darem bem. Em *Júlio César*, de Shakespeare, um dos homens de César pergunta a ele qual desculpa educada gostaria de mandar para não ofender as elites de Roma. "E César mandará uma mentira?", pergunta na terceira pessoa. "Tanto estendi meu braço nas conquistas para agora ter medo de contar a verdade a anciãos de barba cinza?"

Não queremos ofender. Não queremos problemas.

Não queremos perder nossos contatos. Nem nosso poder. Nem nossa pensão. Nem nossos privilégios. Dizemos a nós mesmos que somos capazes de correr os riscos necessários.

Mas mentimos. Ou fazemos concessões. Ou, pior ainda, nos acovardamos.

É o medo que nos transforma em verdadeiros contorcionistas.

Ninguém quer ser excluído. Ninguém quer ser o próximo alvo. Foi difícil escalar até o topo da montanha, e agora você se depara com a possibilidade de perder todo o progresso? Ou de recuar um passo? Nossas conquistas não são importantes? Como podemos ajudar as pessoas se irritarmos as instituições? Não estaremos em uma posição melhor *depois* da promoção?

Sim, tudo isso é importante, mas Du Bois tinha razão quando disse que era *preferível se orgulhar em uma poça de lama do que puxar saco no salão*.

O patrocinador da primeira luta de Muhammad Ali pelo título tentou persuadir o jovem atleta a negar sua fé muçulmana com a ameaça de cancelar o evento. "Minha fé é mais importante do que a luta", respondeu Ali. Todos os seus sonhos profissionais estavam em risco — imagine como ele deve ter ficado com medo —, mas, mesmo assim, Ali não hesitou.

"Mas e a minha aprovação?" e "Mas o que acontecerá com meu privilégio se eu me manifestar?" são as perguntas erradas. O que devemos ser fortes o bastante para perguntar é: "Mas e se todos agissem dessa maneira?" "E se todos colocassem os próprios interesses acima de tudo?" "E se todos sentissem medo?"

Que tipo de mundo seria este?

Não seria bom. Nem seguro, com certeza.

E é por esse motivo que Helvídio olhou destemidamente nos olhos de Vespasiano e disse: "Você fará a sua parte e eu farei a minha: sua parte é matar e a minha é morrer, mas não com medo; a sua é me banir e a minha é partir sem olhar para trás."

Por fim, ele foi banido, expulso do salão e, posteriormente, executado.

Perdeu o emprego. Perdeu a vida. As duas coisas que mais tememos perder.

Contudo, enquanto tinha essas coisas, ele as usou de verdade.

TODO CRESCIMENTO É UM SALTO NO ESCURO

~

Três décadas e meia depois, Benjamin Rush ainda tinha gravada na memória a sensação de assinar a Declaração de Independência. Nenhum dos presentes jamais a esqueceu.

"Você se lembra do silêncio sério e terrível", escreveu ele para John Adams na velhice, "que permeava quando fomos chamados, um após outro, à mesa do presidente do Congresso, para assinar o que muitos acreditavam na época ser nossa sentença de morte?"

Quando você assina seu nome, você se coloca em risco.

Somente em retrospecto eles poderiam saber que tinham vencido. Somente em retrospecto pareceriam prescientes, corajosos e fortes. Na época, Rush mal completara trinta anos. Estava se lançando na experiência mais perigosa de sua vida.

Mesmo assim o fez.

Na fábula *A chave dourada*, o Velho Homem da Terra mostra a um garoto a realidade do mundo, que não existe progresso sem riscos. Movendo uma pedra enorme na caverna, o homem revela um buraco que parece sem fundo.

"O caminho é este", diz.

"Mas não há degraus", responde o garoto.

"Você deve saltar", diz o Velho. "Não há outra maneira."

É assustador, mas inevitável.

Tiger Woods adoraria ter sido capaz de preservar sua antiga tacada ao reinventar seu estilo de jogo com uma nova, mas não é assim que as coisas funcionam. Na primeira vez que a usou, foi assustador. E também na segunda, na terceira, na quarta...

Todo crescimento é um salto no escuro. Se você tiver medo, jamais fará algo que valha a pena. Se ouvir seus medos, jamais dará esse salto.

As vezes em que poderíamos ter dito algo... As apostas que deveríamos ter feito... As pessoas que poderíamos ter conhecido... As lições que poderiam ter sido aprendidas... As batalhas que nunca foram vencidas...

E se houvesse uma forma de se ter certeza, se houvesse um caminho bem iluminado e bem definido? Se a vida fosse assim, não precisaríamos ser corajosos.

Teria sido legal se alguém tivesse mostrado a Reed Hastings que o futuro da televisão e dos filmes era o streaming. Mas não era possível. Ele tinha uma noção, é óbvio, de que seria. Hastings também tinha um negócio bilionário de entrega de DVDs pelo correio. Para obter uma vantagem com o primeiro, ele precisava colocar em risco o segundo. Precisava saltar na escuridão, enfrentando os analistas, os críticos, e também as próprias dúvidas — assim como todo líder e empreendedor de sucesso que já tenha feito qualquer coisa relevante.

Ninguém pode dizer que seu plano será bem-sucedido. Ninguém pode dizer qual será a resposta para sua pergunta. Ninguém pode assegurar que você chegará vivo em casa. Ninguém pode dizer nem sequer a profundidade do buraco.

Se pudesse, se não fosse assustador, todos saltariam. Nesse caso, você nem precisaria fazer isso, não é mesmo?

Os covardes esperam pelos degraus que nunca aparecerão. Querem conhecer as probabilidades. Querem tempo para se preparar. Querem garantias. Esperam um indulto. Estão dispostos a abrir mão de tudo para obter essas garantias, incluindo de uma oportunidade que nunca mais voltará.

"É preferível morrer na arrebentação, prenunciando o caminho para um novo mundo", lembra-nos Florence Nightingale, "do que ficar inerte na areia."

E ela encontrou um novo mundo. Imagine as mortes desnecessárias que ocorreriam se isso não tivesse acontecido. Imagine se

Florence nunca tivesse sido corajosa o bastante para dar o salto no escuro? Você está aqui por um período muito curto. Neste planeta. Neste emprego. Como uma pessoa jovem e solteira. O que for. Como pretende aproveitar este tempo? Como um covarde? Se decidir aceitar o medo como uma força motriz na sua vida, tenha medo do que perderá. Tenha medo do que acontecerá caso você não aja. Tenha medo do que pensarão de você no futuro, por ter sido tão pouco corajoso. Pense em seu legado. Pense nos custos terríveis de não agir por causa do medo.

O medo que você sente é um sinal. Se você nunca sente falta de um pouquinho de coragem, então está vivendo uma vida chata. Coloque-se em uma posição que exija que você *salte*.

NÃO TENHA MEDO DE TOMAR DECISÕES

Dean Acheson disse ironicamente que estava presente na criação. Ou melhor, na recriação, quando uma nova ordem mundial foi instaurada a partir dos destroços da Segunda Guerra Mundial. Ele era subsecretário de Estado de George Marshall, que na época era secretário de Estado do presidente Harry Truman. Depois de se aposentar, foi conselheiro de John F. Kennedy e de Lyndon Johnson.

Esteve presente em alguns dos momentos mais críticos e tensos da história dos Estados Unidos. O Plano Marshall. O Bloqueio de Berlim. A crise dos mísseis de Cuba. A Guerra do Vietnã. Os tipos de situação de extrema pressão em que os fracos definham e os fortes brilham, em que tudo o que separa o mundo do caos e da destruição é a coragem de boas lideranças. Situações em que a covardia não é apenas potencialmente constrangedora, mas uma ameaça à vida de milhões de pessoas.

"Não há escolhas fáceis quando se está no topo", observou Acheson. "Todas são entre dois males, cujas consequências são difíceis de avaliar."

No entanto, é isso que nos dá medo. Tomar a decisão errada. Fazer besteira. As prováveis consequências não intencionais.

E se isso acontecer?

E se aquilo acontecer?

E se eu errar? E se as pessoas discordarem? E se outra coisa ocorrer?

Você deveria ficar?

Partir?

Deveria dizer algo? Deveria tentar fazer desta ou daquela maneira?

E se não der certo? Muitas escolhas. Poucas fáceis. Nenhuma clara. Nas palavras de Shakespeare, tudo isso é torturante, "como uma assombração, ou um sonho terrível".

Dizemos a nós mesmos que estamos pensando, analisando as opções, que estamos fazendo algum progresso. Na verdade, estamos paralisados de medo. Sobrecarregados pelas opções. Por dúvidas. Pela aversão a cometer erros. Portanto, o que estamos fazendo, de fato, é nos torturando. Dizemos a nós mesmos que as escolhas são complexas... mas o que ocorre é que ficamos paralisados diante da situação.

Enquanto isso, outra pessoa está progredindo *de verdade*.

Existe uma história sobre um líder espartano que estava cruzando a Grécia com seu exército. Quando entrava em um novo país, enviava emissários para perguntar se deveria estar preparado para tratar o povo dali como aliado ou inimigo.

A maioria das nações decidia rapidamente, escolhendo a amizade. Mas um rei quis refletir sobre as opções. Então pensou, pensou e pensou... até que outra pessoa escolheu por ele.

"Deixem-no refletir, então", disse o líder espartano, a mandíbula cerrada em frustração, "enquanto simplesmente avançamos."

Mesmo que você escolha não decidir — mesmo que postergue as coisas —, você *ainda assim fez uma escolha*. Está votando a favor do *statu quo*. Está permitindo que *outros* decidam. Está renunciando à sua capacidade de agir.

"O que a covardia mais teme", disse Kierkegaard, "é que uma decisão seja tomada, pois uma decisão dissipa instantaneamente a névoa."

O que você teme são as consequências. Portanto, continua deliberando, na esperança de conseguir postergá-las.

Será que você não vai perder nada se não escolher? É óbvio que sim. Vai perder o momento. O embalo. A coragem de olhar para si mesmo no espelho.

VOCÊ NÃO PODE COLOCAR SUA SEGURANÇA EM PRIMEIRO LUGAR

Enquanto Júlio César tentava derrubar a República Romana — porque as instituições estavam atrapalhando seus planos —, Cícero, seu rival de longa data, parecia pensar somente em si mesmo. Na vida e na guerra, Cícero disse posteriormente, "deve se escolher o lado mais forte e considerar que o caminho mais seguro é o melhor".

Em vez de lutar para preservar a nação à qual servira por tanto tempo, ele simplesmente esperou para ver como as coisas se resolveriam. Quando César venceu, Cícero estava presente para louvá-lo, chegando até a censurar o próprio tributo aos amigos derrotados para não ofender o novo ditador. Quando César foi assassinado e Roma se viu envolvida mais uma vez em uma guerra civil, Cícero, de novo, seguiu a tendência predominante em vez de fazer o que era certo.

Você pode pensar que pelo menos as decisões de Cícero o mantiveram vivo, mas é aí que está a ironia. Em pouco tempo, ele seria assassinado por Marco Antônio. E mesmo que tivesse sobrevivido, sua carreira estaria acabada, pois perdera toda a credibilidade. Morreu de maneira patética, e não apenas perdeu a vida, mas também diversas chances de ter sido um herói.

É óbvio que é possível não se envolver e deixar que as coisas se resolvam. Podemos esperar para escolher um lado ou um vencedor. Talvez compense alguma coisa. Talvez a história nos mantenha isentos de culpa.

Talvez.

Contudo, lá no fundo, você saberá. O medo deixa uma marca.

"Nunca, até hoje", lembra-nos Theodore Roosevelt, "uma aventura digna foi realizada com distinção por um homem que tenha colocado sua segurança pessoal em primeiro lugar." Existem coisas piores do que morrer. Viver com o que tivemos que fazer para seguir com a nossa vida, por exemplo. Arrepender-se por ter perdido a oportunidade de ser um herói. A existência infernal de viver em um mundo governado por covardes.

Convocado a se apresentar diante de um juiz branco para responder por um sermão controverso, o pastor e pioneiro do movimento de direitos civis Vernon Johns poderia ter se desculpado. Poderia ter cedido. Poderia ter se protegido e prometido nunca criticar a segregação ou o racismo. Seria a coisa mais segura a se fazer... e, pela lógica de Cícero, provavelmente a decisão certa. Em vez disso, Johns olhou o juiz nos olhos e disse: "Em todos os lugares do Sul, o negro é forçado a escolher entre a própria pele e a própria alma. Na maioria das vezes, escolhe a própria pele. Estou aqui para afirmar que a pele não vale a pena."

O medo fala a poderosa língua do interesse próprio. Também é um mentiroso inveterado.

Essa autopreservação que ele promete, o conforto que alega que vai manter... Será que é real? Você está realmente tão seguro assim?

Somos criaturas frágeis. Nada pode mudar essa condição. Você é um tolo se pensa que continuar a ser visto com bons olhos por pessoas más é uma aposta segura. Sabe o futuro que você está tão determinado a assegurar? *Ele não tem qualquer garantia.* Este momento, o presente que você está negligenciando — quer seja uma oportunidade de fazer algo arriscado e divertido ou um chamado para algo penoso, porém certo — é tudo o que você tem.

Gostamos de pensar que podemos ter uma vida extraordinária tomando decisões medíocres, mas não é verdade. Na realidade, são as decisões medíocres — as decisões seguras, que os especialistas recomendam e ninguém critica — que nos tornam tão incrivelmente vulneráveis em períodos de caos e de crise.

Vale lembrar que a maioria das pessoas morre na cama. Levantar-se e agir é muito mais seguro! Investir em um negócio próprio é arriscado, afirmou o estrategista Peter Drucker, mas é menos arriscado do que nem mesmo tentar. Porque, no fim das contas, vai acontecer, alguém tentará e, então, você estará do lado errado do resultado, ou, no mínimo, ficará para trás. E é aí que perderá a iniciativa.

A vida é arriscada. Como disse o poeta Dylan Thomas, é "sempre incerta". Nenhuma proteção corporativa jamais mudará isso. Na verdade, não importa quanto você se esconda, isso não protegerá você das coisas assustadoras. Já lutamos contra as probabilidades, já estamos fadados a morrer desde que nascemos. Quando você se dá conta disso, consegue parar de ser tão cuidadoso, tão preocupado com cada perigo e com cada coisa que pode dar errado.

Quem se importa? É apenas uma gota no oceano, mais um item para a lista de riscos, que já é enorme para qualquer mortal.

Toda certeza é incerta. Você não está seguro. Nunca estará. Ninguém está. Ao colocarmos a segurança acima de tudo, nos colocamos em perigo. De sermos esquecidos. De nunca chegarmos nem perto de conseguir. De sermos cúmplices.

Como você lidará com o perigo?

"O que vai acontecer comigo?" Ninguém pode lhe dizer. No entanto, com coragem, você mesmo pode responder: "Não tenho certeza, mas vou superar tudo com a alma intacta. Vou tirar o melhor da situação. *Não* vou ter medo."

O MEDO ESTÁ MOSTRANDO ALGO A VOCÊ

Em 1901, Theodore Roosevelt hesitou antes de convidar Booker T. Washington para jantar na Casa Branca. Era a primeira vez na história dos Estados Unidos que um homem negro jantaria como convidado de um presidente em exercício.

Ele hesitou porque estava com medo. Medo do que seus parentes sulistas pensariam, medo do que os jornais diriam, medo de que os eleitores racistas o abandonassem, medo de perder apoio no Sul, medo de que aquilo pudesse lhe custar as eleições. Um presidente em exercício — o homem que liderou os Rough Riders em uma missão suicida, o homem que caçava ursos, que derrotara uma doença de infância incapacitante, que superara a depressão e o pesar e um milhão de outros obstáculos — estava com medo *do que as pessoas pensariam*.

Era uma situação assustadora. Como disse a manchete da primeira página do *The New York Times* no dia seguinte: "Maioria do povo de Washington condena a violação de precedentes pelo presidente — campanha de Maryland é afetada."

Condenado *pela maioria*!

No fim das contas, porém, foi justamente por causa do medo que Roosevelt optou por tomar aquela decisão.

"O fato de que passei por um momento de apreensão quanto a convidá-lo por causa de sua cor fez com que eu sentisse vergonha de mim mesmo", disse Roosevelt em uma carta a um conselheiro de direitos civis, "e fez com que me apressasse em convidá-lo. Pelo desenrolar das coisas, estou muito feliz por tê-lo convidado, pois o clamor despertado pelo ato faz com que eu sinta que era necessário."

Nenhuma regra é perfeita, mas esta funciona: nossos medos nos apontam, como uma flecha autoacusatória, a direção da coisa certa a se fazer. Uma parte de nós sabe como deveríamos agir, mas a outra nos lembra das consequências inevitáveis. O medo nos alerta em relação ao perigo, mas também em relação às oportunidades. Se não fosse assustador, todos o fariam. Se fosse fácil, o processo não nos faria crescer. A pontada de autopreservação é o alerta do detector de metais soando. Podemos ter encontrado algo.

Vamos ignorar? Ou vamos explorar?

O medo vota pela hesitação, e sempre vai surgir com um motivo para *não* fazermos o que devemos fazer. Se não andamos experimentando essa hesitação com certa frequência, deve ser porque não estamos nos esforçando o bastante.

Imagine também a hesitação de Booker T. Washington. Ele estava arriscando a *vida* ao aceitar o convite de Roosevelt. Estava arriscando o apoio precário de seus doadores brancos sulistas. Estava chutando um vespeiro agressivo. A reação do senador Benjamin Tillman foi afirmar: "Precisaremos matar mil negros para ensiná-los novamente qual é o lugar deles."

Ainda assim, Washington aceitou o convite. Destemido. Sem se sentir intimidado. A sobrinha de Roosevelt, Eleanor, falou posteriormente sobre *fazer aquilo que você não pode fazer*. Quase sempre, trata-se de uma coisa que você deve fazer. Quando algo diz que você não tem permissão. Quando alguém diz que você se arrependerá da decisão. Quando seu estômago se revira, fazendo você hesitar.

Mas o que nossos clientes pensarão? E se nossos concorrentes usarem isso contra nós? Preciso mesmo fazer isso? As pessoas ficarão com raiva de mim?

Dane-se tudo isso.

Decida testemunhar. Decida investir tudo no novo empreendimento. Decida responder ao e-mail do jornalista. Decida dizer o que você está hesitando em dizer.

Dizem para não ouvirmos o medo, mas, talvez, seja exatamente isso o que deveríamos fazer.

Deveríamos ouvir atentamente e, então, fazer o contrário.

SER VOCÊ MESMO É
O MAIS ASSUSTADOR

Na década de 1960, Frank Serpico era o diferentão do Departamento de Polícia de Nova York. Era italiano enquanto a maioria dos policiais era de origem irlandesa. Tinha cabelo comprido. Gostava de ópera e de balé. Morava no Village, enquanto a maioria de seus colegas de trabalho residia em subúrbios tranquilos. Tinha um grande cão pastor branco e usava coletes, couro e vários tipos de roupas estranhas. Isso quando ele não estava *fantasiado*. Serpico achava normal ir para o trabalho usando disfarces caseiros elaborados para ajudá-lo a capturar criminosos na rua — embora tivessem lhe negado repetidas vezes uma promoção a detetive infiltrado.

Ele era o diferentão.

Graças a Deus.

Um promotor que trabalhava com Serpico reclamava que o homem era difícil. Serpico lembrou a ele que, se fosse um pouco menos difícil, e um pouco mais inclinado a ser como todos os outros do departamento, *eles nem sequer estariam investigando o caso de corrupção que tinham ali.*

Por definição, cada um de nós é único. Nosso DNA jamais existiu antes de nascermos. Ninguém jamais teve nosso conjunto particular de experiências. No entanto, o que fazemos com esse patrimônio? Nós o repelimos. Escolhemos *não* ser nós mesmos. Escolhemos seguir o rebanho, não chamar atenção.

É inacreditável pensar que, no Departamento de Polícia de Nova York, os policiais achassem mais fácil aceitar subornos do que ser honestos, mas é verdade. Opor-se chamaria atenção. Tornaria a pessoa um alvo. Significaria ser diferente e, portanto, estar sozinho.

Tentamos nos enquadrar por medo. Não fazemos o que é certo por medo. Nós nos calamos por medo. Nem sequer queremos que outras pessoas sejam elas mesmas — porque isso nos deixaria desconfortáveis. Difícil. Estranho. Imprevisível. Encrenqueiro. Gay? Um esquisitão? São palavras como essas que enchem os dossiês elaborados pela KGB, pela Gestapo ou por J. Edgar Hoover. É assim que os covardes gostam de chamar os corajosos que os desafiam. Ou que representam uma ameaça existencial a regimes ilegítimos ou à injustiça. Nós mesmos balbuciamos essas definições quando nos sentimos humilhados pela confiança ou pela liberdade de pessoas que confiam em si mesmas.

Esperamos que as pessoas andem em uma corda bamba. Queremos que todos estejam no mesmo time. Queremos que incorporem a cultura. Nas Forças Armadas, exige-se que todos se vistam da mesma forma e até tenham o mesmo corte de cabelo. Queremos que as pessoas façam o que lhes mandam, que sigam as regras...

Mas ao mesmo tempo, de alguma maneira, esperamos que a liberdade de expressão prospere, que novas invenções e ideias caiam do céu e que pessoas cometam atos extraordinários de sacrifício e coragem. Como se tudo isso fosse possível em um mundo padronizado.

A pressão quer aparar as arestas, diminuir a resistência, senão... "Senão o quê?", temos que perguntar. "Ainda que um exército me cerque" diz o Salmo 27, "meu coração não temerá; ainda que se declare guerra contra mim, mesmo assim estarei confiante."

Não importa quem ou quantos se voltem contra você, *você precisa ser você.*

Confiante. Autêntico. Corajoso.

É irônico o fato de que Florence Nightingale criticava mulheres que queriam "ser como homens". O que ela estava querendo dizer era apenas: seja você mesmo, não precisamos de ninguém imitando ninguém e, tampouco, rejeitando instintivamente qualquer um. Todos enfrentamos a batalha contra as expectativas e os estereótipos que outras pessoas nos impõem. Resistimos e, ao mesmo tempo, podemos nos lembrar do conselho de Sêneca: não precisamos culpar a multidão por cada mínima coisa. Não precisamos ser diferentes apenas para sermos diferentes — uma rebelião petulante pode ser apenas mais um mecanismo de defesa. Mas, se por fora nos parecemos com todo mundo, é melhor nos assegurarmos muito bem de que por dentro tudo seja diferente. De que somos verdadeiramente quem queremos ser, como sabemos, no fundo, que parece a coisa certa a se fazer.

Porque a coragem de ser diferente é a coragem de pensar diferente, para ver o que os outros não veem, para ouvir o que os outros não ouvem. Não é coincidência que muitos delatores e artistas sejam esquisitões. Foi a esquisitice deles que lhes permitiu ver o que todos os outros eram incapazes de enxergar.

Seja um policial. Seja um soldado. Seja um filósofo. Seja mais um músico em uma longa tradição do rock. Segure a mão de alguém. Apenas se certifique de que, no fundo, você esteja *sendo você mesmo*. De que não esteja deixando o medo calar ou desanimar você. De que não esteja fazendo o que todas as outras pessoas estão fazendo simplesmente *porque elas estão fazendo*.

Seja único. Seja você mesmo. Ser qualquer outra coisa é ser um covarde.

Não deixe a opinião dos covardes influenciar o que você pensa ou faz. O futuro depende disso.

A VIDA ACONTECE EM PÚBLICO. VÁ SE ACOSTUMANDO

Jerry Weintraub queria ser ator. Conseguiu entrar para a Neighborhood Playhouse School of the Theatre e foi aluno de Sandy Meisner. James Caan era um de seus colegas de turma. Há um motivo para que você tenha visto filmes com James Caan, mas nenhum com Jerry Weintraub. O motivo é medo. Ou melhor, é o medo com outro nome: vergonha.

Enviados para comprar roupas para uma aula de dança — ministrada por ninguém menos do que Martha Graham —, Jerry e James foram a uma loja na Broadway. Ao experimentar uma meia-calça, Jerry, um garoto durão do Bronx, deu uma olhada no espelho e soube que não tinha nenhuma chance de ele se permitir ser visto com aquilo em público. James Caan, que vinha do mesmo bairro do amigo e também se considerava um sujeito durão, cujo pai fora açougueiro, se olhou no mesmo espelho. Não permitiu que o constrangimento vencesse.

Como o escritor Rich Cohen escreveu, "aquele foi o divisor de águas, o momento da verdade. Jimmy Caan vestiu a meia-calça e calçou as sapatilhas, então seu nome aparece nos créditos como, por exemplo, Sonny Corleone, em *O Poderoso Chefão*. Jerry Weintraub, por ter sido dominado por uma vergonha normal e humana, não vestiu a meia-calça nem calçou as sapatilhas, portanto seu nome aparece nos créditos de filmes como produtor".

Um deles seria indicado ao Oscar, o outro produziria *Karatê Kid*. Ambos seriam bem-sucedidos, mas só um realizou o sonho que compartilhavam — só um foi capaz de se colocar de maneira ousada e corajosa diante da câmera e arrasar.

Mesmo que a maioria de nós não ganhe a vida nas telas, todos precisamos enfrentar a relutância em ser *vistos*. Nosso medo do que as outras pessoas pensam, do constrangimento e do embaraço, não é o mesmo medo que impede um homem de correr para a batalha, mas é uma limitação, uma deficiência de coragem que também nos priva de nosso destino.

Não há nenhuma mudança, nenhuma tentativa, nenhum esforço que não pareça estranho a alguém. É praticamente impossível alcançar uma conquista sem chamar um pouco de atenção. Apostar em si mesmo é correr o risco de fracassar. Fazer isso em público é correr o risco de ser humilhado.

Todos que tentam sair da zona de conforto precisam estar cientes disso. Mesmo assim, quase preferimos morrer a nos sentir desconfortáveis.

Certa vez, o comediante Jerry Seinfeld observou que as pessoas consideram o medo de falar em público pior do que o medo da morte, o que significa, de um jeito muito louco, que as pessoas preferem estar *dentro* do caixão a fazer o discurso fúnebre.

Na Roma antiga talvez não tivesse nenhum orador melhor do que Crasso, famoso por seus discursos brilhantes e perseguição aos corruptos e maléficos. Pelo menos, era isso o que o público sabia. Não daria para ter ideia de que, como ele admitiu posteriormente, no começo de cada discurso, "sentia um tremor em todos os meus pensamentos, por assim dizer, e em meus membros". Mesmo sendo um mestre, ainda se sentia inseguro — ainda era tomado por ondas esmagadoras de ansiedade e medo antes de entrar em cena.

No começo de sua carreira, era pior ainda. Crasso relata sua dívida de eterna gratidão a um juiz que, em uma de suas primeiras aparições públicas, percebeu quanto o jovem estava "completamente abatido e incapacitado pelo medo" e adiou a audiência. Dá para imaginar as palavras misericordiosas do homem, poupando Crasso da mesma forma como ele, sem dúvida, rezava para que fosse poupado — como todos já rezamos milhares de vezes —, alimentando a esperança de ser morto por um raio para não precisar seguir em frente.

Mas não estaríamos falando sobre Crasso se ele não tivesse enfrentado aquele medo. Será que ele teria preferido praticar advocacia em sua sala de estudos? Com certeza, assim como Serpico devia querer se vestir como bem entendesse sem que as pessoas comentassem. Mas a vida é assim. Não se importa com *o que preferimos*. Você precisará estar sob os holofotes de vez em quando. Se você não consegue fazer isso nem mesmo para *falar*, como terá a coragem de fazer nos momentos mais importantes?

Você veste a meia-calça. Enfrenta o medo do palco — o medo que persiste mesmo depois que você domina a arte de falar em público. Você se senta no banco das testemunhas. Você dá as más notícias para os funcionários reunidos. Você simplesmente aprende a parar de pensar sobre *o que os outros vão pensar*. Você nunca vai criar algo original se não conseguir fazer isso. Precisa estar disposto a não somente se afastar do rebanho, mas a se colocar diante dele e dizer o que pensa e sente. Há um motivo para a "vida pública" ser chamada assim.

Não podemos ter sucesso no privado.

É irônico, diriam os estoicos, que, apesar de todas as nossas preocupações egoístas, parecemos valorizar as opiniões dos outros mais do que as nossas. O escravizado liberto Epicteto disse que "se você quiser melhorar, contente-se em parecer ignorante ou burro". Você consegue fazer isso? Porque vai precisar.

Quando permanecemos em nossa zona de conforto, sem chamar atenção, quando escolhemos o fundo da sala em vez da frente, estamos fugindo das oportunidades. Quando cedemos ao medo, quando o deixamos decidir o que faremos ou não, perdemos muito. Não somente sucesso, mas também realizações.

Quem seríamos se não nos preocupássemos com o constrangimento? O que realizaríamos se não nos importássemos em estar no centro das atenções? Se fôssemos corajosos o bastante para vestir a meia-calça? Se estivéssemos dispostos não somente a fracassar, mas também a fazer isso na frente dos outros?

QUAL TRADIÇÃO VOCÊ ESCOLHERÁ?

Imagine o terror profundo da existência para os homens antigos. Imagine como era colocar uma criança em um mundo com uma taxa de sobrevivência abaixo de cinquenta por cento. Imagine como era estar à mercê de reis e das condições climáticas, como era viver durante as crises e os desastres, as guerras e as preocupações de uma existência incerta.

O que eles faziam?

Seguiam em frente, apesar de tudo.

Pessoas que atravessavam pontes para novos continentes, que reconstruíam seu lar depois de incêndios, que vestiam armaduras e iam para a batalha, que exigiam de seus governos direitos inalienáveis, que enfrentavam motins, que fugiam da escravização e da falta de oportunidades no meio da noite, que exploravam as fronteiras da ciência — essas pessoas, direta e indiretamente, criaram você. O sangue delas corre em suas veias. O DNA delas está fundido com o seu.

Mesmo que sua família não seja famosa. Mesmo que você pertença a uma minoria perseguida, você descende de guerreiros e sobreviventes. "Você vem de uma linhagem de camponeses fortes", explicou James Baldwin ao sobrinho, "homens que colhiam algodão, represavam rios e construíam ferrovias e, enfrentando as piores probabilidades, conquistaram uma dignidade incontestável e monumental."

Ele também descendia de pessoas que tinham sentido medo? É óbvio. Todos descendemos. Contudo, escolhemos qual tradição seguir.

"Devo lembrar a vocês dos perigos que nossos pais também enfrentaram", disse Xenofonte a seus homens temerosos, cercados na Pérsia, "para que vocês se deem conta de que a coisa certa a se fazer é serem corajosos e de que, com a ajuda dos deuses, os corajosos saem a salvo mesmo das piores dificuldades."

Precisamos nos lembrar de que a história não é feita de contos de fadas, mas de carne e osso. Pessoas de verdade, pessoas como você — pessoas nem um pouco melhores e, com certeza, nem um pouco mais saudáveis —, prepararam-se para lutar contra o destino, levaram uns socos e deram o melhor de si. Fracassaram, cometeram erros e foram derrubadas, mas sobreviveram. Sobreviveram tempo suficiente para colocar em curso os acontecimentos que hoje nos fazem progredir. Em alguns casos, essas pessoas são, literalmente, nossos pais; em outros, pessoas mais distantes.

Também havia covardes, mas podemos riscá-los da árvore genealógica.

Quando ficarmos com medo, podemos nos inspirar nos que vieram antes de nós. Visitar os monumentos que ergueram. Ler os documentos que deixaram. Porque essa é a nossa tradição.

Eles nos passaram um bastão. Vamos aceitá-lo?

"Quando eu for menos que uma memória, não passar de um nome", registrou Florence Nightingale, já idosa, em uma tabuleta de cera, "espero que minha voz possa perpetuar a grande obra de minha vida."

VOCÊ NÃO PODE TER MEDO DE PEDIR AJUDA

As pessoas que trabalham prestando socorro sabem que têm obrigação de correr em direção a situações críticas, enquanto todo mundo foge para longe. Pais sabem que colocam os próprios interesses e necessidades em segundo plano em relação aos dos filhos. Pessoas que estão sempre felizes sabem quanto os outros esperam obter uma dose de humor e esperança por intermédio delas.
Mas será que sabem que também podem pedir ajuda?
Você sabe disso?
Ou tem medo?
Historicamente, os estoicos eram fortes. Corajosos. Cumpriam suas obrigações — sem reclamar nem hesitar. Carregavam seu fardo com coragem e estavam dispostos a carregar o fardo dos outros quando necessário. Mas é um engano presumir que eram algum tipo de super-humanos, que nunca passavam por dificuldades e nunca precisavam de nada. Eles precisavam, sim — como todos nós —, pedir ajuda quando necessário.
E não tinham medo de fazer isso. Porque, às vezes, essa é a coisa mais forte e mais corajosa a se fazer.
"Não tenha vergonha de precisar de ajuda", escreveu Marco Aurélio. "Como um soldado atacando uma muralha, você tem uma missão a cumprir. E se foi ferido e precisa que um camarada o levante? E daí?"
Exatamente. *E daí?*
Você está à espera de uma ajuda, não de uma esmola. À espera de um conselho, não de ser dispensado da obrigação. Está tratando

seus ferimentos para que possa retomar a luta. Está se manifestando não em busca de pena ou de atenção, mas para que o mesmo não aconteça com outra pessoa. Não está tentando conseguir uma vantagem injusta. Está se beneficiando das oportunidades e das proteções que foram projetadas exatamente para a situação em que você se encontra.

Durante anos, o dependente químico teve medo de pedir ajuda, medo de admitir a própria impotência. Durante anos, o executivo ficou sentado atrás da mesa, lutando contra a síndrome do impostor, com medo de perguntar se alguém se sentia da mesma maneira. Durante anos, a mãe foi rodeada pela nuvem carregada da depressão, cuidando dos filhos, com medo de pedir que alguém também cuidasse dela. Durante anos, o veterano guardou a dor dentro de si, escondendo o custo verdadeiro de seu heroísmo, temendo parecer fraco.

Temos medo de nos abrir. Temos medo de compartilhar. Não queremos que ninguém saiba o que estamos sentindo... então todos nos sentimos mais sozinhos. É preciso ser muito forte para repelir esse medo. Muita dor é provocada pela incapacidade ou relutância em fazer isso.

Quando um aluno faz uma pergunta, o que acontece? Ele aprende algo que não sabia. Quando um amigo revela uma vulnerabilidade para outro, o que acontece? A amizade se fortalece. Quando um funcionário admite que a carga de trabalho é excessiva, o que acontece? Uma contratação é feita e a empresa se torna mais eficiente. Quando uma pessoa tem coragem de falar sobre algo vergonhoso que aconteceu com ela, o que acontece? A sociedade é impelida a agir. Alguém pode ajudá-los a pôr um fim no ciclo.

Às vezes, o pedido de ajuda por si só já é um grande progresso. Admitir que precisamos dela destrava algo dentro de nós. Depois disso, nos sentimos poderosos o bastante para solucionar o problema.

Somos tão doentes quanto nossos segredos, diz o ditado. Estamos à mercê dos medos que não ousamos articular, paralisados pelas premissas que recusamos testar.

Não tem problema precisar parar um minuto. Não tem problema precisar de ajuda. Precisar de confirmação, de um favor, de perdão, do que for. Precisa de terapia? Vá fazer! Precisa recomeçar? Tudo bem! Precisa se amparar no ombro de alguém? É claro!

Você não conseguirá nada disso se não pedir. Não conseguirá o que tem medo de admitir que precisa. Portanto, peça agora, enquanto tem coragem. Antes que seja tarde demais.

Estamos juntos nessa missão. Somos companheiros. Peça ajuda. Isso não é apenas corajoso, é *a coisa certa a se fazer*.

QUANDO SUPERAMOS...

"É normal ficar com medo antes de começar a batalha. Enfrentar o desconhecido é o último passo de sua preparação... É quando você prova que é um bom soldado. Essa última batalha — a batalha consigo mesmo — vai acabar. Então você estará pronto para combater o inimigo."

ARMY LIFE, 1944

Existe um motivo para o medo. Uma lógica. Do contrário, fisiologicamente, ele não existiria.

De fato, o benefício de colocar a autopreservação em primeiro lugar é — acima de tudo — manter você vivo.

Mas a pergunta não é "Existe algum benefício no medo?", pois é óbvio que há. A pergunta é: "Como seriam as coisas se todos agissem em função do medo o tempo inteiro?"

Sabemos a resposta. Seria um inferno. A vida se tornaria — se é que é possível — ainda mais assustadora.

Portanto, enquanto o homem racional se adapta ao mundo, como disse George Bernard Shaw, o progresso — a esperança — depende do homem irracional. Faz sentido ter medo. Evitar riscos. Acomodar-se. Dar-se por satisfeito. É egoísta, mas com certeza é mais seguro.

Temos inúmeras expressões que nos lembram disso: "O prego que se destaca é martelado." "Não reme contra a maré." "Os poderosos não podem ser vencidos."

E daí? Se todos acreditassem nisso, se o medo reinasse acima de tudo, essas expressões não apenas se tornariam verdades absolutas, como o bem jamais triunfaria sobre o mal, o novo jamais prevaleceria sobre o *statu quo* e nada melhoraria nunca.

Isso não pode ser o nosso objetivo. Não pode ser o que fomos colocados neste planeta para fazer.

Algumas pessoas, com certeza. Mas não você.

Nós escolhemos a qual voz damos ouvidos. Escolhemos se não vamos correr riscos, se vamos pensar pequeno, se vamos ter medo, se vamos nos conformar ou se vamos ser cínicos. Escolhemos se vamos extirpar esses receios, se vamos seguir nosso próprio caminho, se vamos olhar pela beira da ponte estreita e dar meia-volta ou se vamos seguir em frente.

Ser corajoso? Enfrentar o medo? A decisão é nossa. Não somos obrigados a nada.

É disso, porém, que todas as outras coisas boas dependem, e não podemos escapar desse fato.

O que queremos na vida, o que o mundo precisa — tudo está no outro lado do medo. Tudo é acessado pela coragem, caso escolhamos empunhá-la.

PARTE II
CORAGEM

"Oh, lutar contra situações adversas, enfrentar inimigos com destemor!
Estar totalmente sozinho com eles, descobrir quanto se pode suportar!
Olhar nos olhos da luta, da tortura, da prisão, do ódio popular!
Subir no cadafalso, avançar em direção ao cano das armas com absoluta indiferença!
Ser, de fato, um Deus!"

WALT WHITMAN

Coragem é o controle e o triunfo sobre o medo. É a decisão — em um momento de perigo ou no dia a dia — de assumir a responsabilidade, de garantir uma atitude, em relação a uma situação, em relação a si próprio, em relação ao destino ao qual todas as outras pessoas se resignaram. Podemos amaldiçoar a escuridão ou acender uma vela. Podemos esperar que alguém venha nos salvar ou podemos resistir e salvar a nós mesmos. O que será? Todo herói depara com essa escolha. Nosso *discrimen* — o ponto crítico. O momento da verdade. Você será corajoso? Irá se expor? Qual será sua atitude? Se covardia é o fracasso em cumprir uma obrigação, então coragem é a decisão de se mover e cumpri-la. Respondendo ao chamado. Superando o medo e agarrando seu destino. Fazendo o que você não pode fazer, simplesmente porque precisa ser feito... com firmeza e entusiasmo, coragem e determinação, mesmo que não faça a menor ideia se terá sucesso. Não será fácil. No entanto, não podemos ter medo. Como disse Shakespeare, "encontremos o tempo enquanto ele nos procura". Nosso destino está aqui. Vamos agarrá-lo.

O CHAMADO AO QUAL ATENDEMOS...

Um homem salvou a França. Charles de Gaulle achava que o país ainda valia a pena e, sozinho, o salvou.

Em junho de 1940, enquanto a França era dominada pela Alemanha, tomada não somente por tanques, mas também pelo medo dos próprios líderes, que prontamente negociavam a rendição para o pior agressor da história moderna, De Gaulle embarcava em um pequeno avião para a Inglaterra.

Foi um dos voos mais assustadores de sua vida. Não só porque poderia ter sido facilmente morto a tiros ou capturado antes da decolagem, mas porque muitos outros voos, incluindo um designado para sua família, caíram, sem deixar sobreviventes. "Eu me senti", refletiu ele sobre a curta viagem de uma hora e meia, "sozinho e privado de tudo, como um homem à margem de um oceano que ele tinha a esperança de atravessar a nado... Senti que uma vida estava terminando, uma vida que eu vivera com base em uma França sólida e em um exército indivisível."

De Gaulle não era o líder eleito da França. Não tinha sangue real. Nem sequer era o general de patente mais elevada do país. Contudo, era mais do que um cidadão. Recentemente promovido a brigadeiro-general e subsecretário de Defesa, fora o único a clamar junto ao primeiro-ministro que a França devia lutar para sair do fundo do abismo. Ao mesmo tempo, era apenas um homem. Um homem que não estava pronto para desistir, que não aceitava que seu país desistisse.

Portanto, não desistiu.

Ao se reunir com Churchill pouco depois de atravessar o canal da Mancha e aterrissar na Inglaterra, ofereceram a De Gaulle a oportunidade de falar na BBC no dia seguinte. Ele não comandava nenhum exército, quase não tinha dinheiro, não tinha nenhum plano e tampouco autoridade para criar um; mas nada disso seria necessário.

Já foi dito que "um homem corajoso vale por uma multidão", e foi assim com De Gaulle.

"Afirmo a vocês que a França não está perdida", disse no famoso pronunciamento. "Os mesmos instrumentos que nos dominaram poderão, um dia, nos trazer a vitória. Pois a França não está sozinha! Não está sozinha! Não está sozinha!"

Contudo, ela *estava* sozinha.

O pronunciamento de De Gaulle fora direcionado principalmente para os milhares de soldados franceses que tinham sido auxiliados pelos ingleses durante a retirada. Ele os estava convocando a lutar a seu lado, a lutar pelo seu país. Em vez disso, a maioria pediu que fosse repatriada e pudesse voltar para a República de Vichy estabelecida pelos nazistas. O antigo mentor e chefe de De Gaulle, general Pétain — o grande herói da França da Primeira Guerra Mundial —, ajudou os alemães e usou sua reputação para legitimá-la. Qual era o sentido de continuar lutando? Quem poderia deter o avanço implacável de Hitler?

Na passagem de som para o pronunciamento, De Gaulle dissera somente uma palavra: *França*. Acreditava sinceramente no próprio país, para além da lógica e dos fatos. Acreditava que a rendição de Pétain era ilegítima. Essa ideia era sua estrela-guia, por mais que não fizesse sentido; ele acreditava que a França podia ser salva.

Os fatos eram desalentadores: De Gaulle, sua corajosa esposa e família, que tinham escapado sem nenhum auxílio, e mais alguns oficiais — que Churchill decidiu apoiar com o poder da Inglaterra — eram tudo o que restava à França...

Seria o suficiente?

"Em todos os atos importantes de sua vida, você não era sempre a minoria?", perguntou André Malraux, escritor e líder da Resistência, a De Gaulle no final da vida do estadista. "Era, concordo", respondeu De Gaulle. Mas, completou, "sabia que, mais cedo ou mais tarde, deixaria de ser".

Napoleão, talvez o único herói francês cujas realizações não empalidecem em comparação às de De Gaulle, disse que "nada está perdido enquanto ainda há coragem". De Gaulle teve coragem de assumir a responsabilidade — de aceitar o fardo da liderança sobre os próprios ombros, de resistir ao magnetismo da desesperança e, em vez disso, escolher, com uma ferocidade animalesca, o caminho de um guerreiro, de alguém que não seria derrotado.

Na metade do século XX, assim como hoje, a crença naquela antiga teoria do grande homem da história era fraca. Seria mesmo possível que uma pessoa mudasse o mundo? Podemos de fato fazer a diferença? Ou devemos ceder às forças avassaladoras do tempo e das tendências?

"Há algo de irrevogável na influência da vontade humana na cadeia de acontecimentos", escrevera De Gaulle antes da guerra. "A pressão da responsabilidade é tão grande que poucos homens são capazes de suportá-la sozinhos. É por isso que nem a inteligência mais aguçada basta. Sem dúvida, inteligência ajuda, e o instinto motiva o indivíduo, mas, em casos extremos, uma decisão exige um elemento moral."

Mas não podemos descartar o elemento físico. De Gaulle foi julgado *in absentia* pelo regime de Vichy e condenado à morte. Na guerra anterior, fora ferido diversas vezes (inclusive por uma baioneta), fora prisioneiro de guerra e tentara fugir, de forma incansável e destemida, correndo riscos enormes. Imagine também a coragem da esposa, requisitando um lugar em um barco, levando três crianças pequenas, inclusive uma com síndrome de Down, em segurança até Londres, enquanto os inimigos infestavam a região à procura dela. Nas décadas seguintes, De Gaulle e a esposa foram vítimas de *trinta* atentados graves contra as respectivas vidas. De um deles, com o carro metralhado, janelas estilhaçadas e todos os pneus estourados, Yvonne saiu ilesa e perguntou tranquilamente sobre as compras que acabara de colocar no porta-malas. De Gaulle zombava da pontaria dos que tentavam assassiná-lo, dizendo: "Essa gente atira como porcos." Se tratava de uma família que dominara o medo, até o transcendera.

Como sabemos que, no fim das contas, De Gaulle saiu vitorioso, escolhemos lembrar que a França ficou unida na resistência contra seus ocupantes. Infelizmente, não foi esse o caso. As pessoas estavam com medo. Davam desculpas. Olhavam para as probabilidades e diziam a si mesmas que não havia esperança. Estavam dispostas — o que é até chocante — a aceitar o domínio de Hitler e a se sujeitar à causa nazista se isso significasse que a vida normal seria rapidamente retomada. Inúmeros judeus franceses foram enviados para a morte. Mão de obra francesa foi usada para alimentar a máquina de guerra alemã.*

A covardia dos outros cria as oportunidades para a ação de um herói. "Quando os acontecimentos se tornam ameaçadores e o perigo, iminente", escrevera De Gaulle na década de 1920, "uma espécie de onda gigantesca empurra os homens de caráter para a linha de frente." Na época de De Gaulle, os acontecimentos eram ameaçadores e o perigo, iminente, assim como podem ser para você agora. Ele estava pronto para atender ao chamado. Mais do que isso, estava *fazendo o chamado* para todos que estivessem dispostos a se juntar a ele.

Alguns fogem. Outros atendem. É simples assim.

Em parte, foi a coragem de De Gaulle que inspirou a Resistência Francesa. Ela também denunciava, implícita e explicitamente, seus compatriotas que não tinham coragem de lutar. Hitler liderava pelo medo. Como um demônio, estimulava o que havia de pior nas pessoas. Isto é o que torna De Gaulle tão glorioso: ele não fazia promessas — só exigências. Era seu *dever* resistir, dizia. Estamos

---

* É aterrorizante pensar no que poderia ter acontecido à filha de De Gaulle, Anne, que tinha deficiência, caso a família tivesse permanecido na França.

sendo chamados por uma força superior, para uma causa superior. Precisamos *nos libertar*. No fim das contas, cerca de quatrocentos mil homens e mulheres franceses se juntaram à resistência, explodindo pontes, obtendo informações confidenciais, sabotando os ocupadores, salvando pessoas dos campos de concentração, eliminando os inimigos um a um e enfraquecendo-os antes da invasão dos Aliados.

Esta é uma das características da coragem: assim como o medo, é contagiosa. Foram o comprometimento e o destemor de De Gaulle que reuniram não somente a França, mas o mundo todo, em seu apoio. Como René Pleven, um dos primeiros políticos franceses a se juntar à causa de De Gaulle, escreveu para a própria esposa: "Asseguro-lhe que, ao ver todos aqueles que *fugiram*, você se sente orgulhoso de enfrentar o perigo." Um relatório inglês explicou: "O general De Gaulle simboliza a França que não se desesperou, que não desistiu. Ele atuou sozinho."

Em junho de 1944, mais de dois milhões de tropas aliadas desembarcaram na França. Em agosto, Paris foi libertada. Tinham sido quatro longos anos no deserto, uma escuridão que durou até um amanhecer luminoso. "Paris! Paris ultrajada! Paris destruída! Paris martirizada! Mas Paris *libertada*", disse De Gaulle em seu discurso da vitória. "Libertada por si mesma, libertada pelo seu povo com a ajuda dos exércitos franceses, com o apoio e a ajuda de toda a França, da França que luta, da única França, da verdadeira França, da eterna França!"

Um repórter de rádio na multidão comentou em tempo real não somente a catarse do momento, mas também sua dramaticidade. Pois a guerra ainda não fora vencida. Havia tropas inimigas não muito longe. Ouviam-se tiros e explosões. De Gaulle, porém, ignorou tudo.

"Foi uma das cenas mais dramáticas que já vi", reportou Robert Reid, ofegante, para a BBC. "Tiros começaram a ser disparados de todas as partes... o general De Gaulle estava tentando controlar as multidões que corriam para a catedral. Caminhou em direção ao que parecia uma saraivada de tiros... mas seguiu avançando, sem hesitar, com os ombros erguidos, e desceu a nave central, mesmo enquanto choviam balas a seu redor. Foi o exemplo de coragem mais extraordinário que já vi... ele estava cercado por estampidos e clarões, mas parecia ter uma vida absolutamente abençoada."

Depois, De Gaulle desceu a avenida Champs-Élysées com uma multidão de mais de um milhão de compatriotas franceses.

Agira sozinho, até que, exatamente como profetizara, não estava mais sozinho.

A coragem triunfara sobre o mal. Um homem formara uma maioria.

Ainda assim, é importante entender que coragem é mais do que resistência. É mais do que a escolha de Hércules entre o caminho fácil e o difícil. Depois de tudo, é necessário *trilhar* o caminho difícil.

Foi uma longa jornada de volta dos dias de desespero depois da queda da França. Houve pronunciamentos no rádio, um Estado construído no exílio. De Gaulle precisou retomar lenta e consistentemente o controle dos governos distantes do império do país. Precisou arrecadar dinheiro, encontrar generais, passar a perna em inimigos políticos e travar uma batalha de relações públicas. Precisou fazer conferências com seus aliados sobre sua estratégia e, quando não era consultado, socava a mesa, gritava e fazia tamanho escarcéu que eles eram forçados a trazê-lo de volta à discussão. Precisou enfrentar atiradores de elite mesmo enquanto celebrava a libertação.

"O que todos parecem ignorar", disse De Gaulle, "é a combinação inacreditável de paciência, desenvolvimento lento, criatividade obstinada, perguntas traiçoeiras, sucessão atordoante de cálculos, negociações, conflitos e rasteiras que precisamos realizar para executar nossa empreitada."

Foram esses traços de personalidade — formas diferentes de coragem — que transformaram a França, que havia sido tão rebaixada, em uma das potências vitoriosas ao fim da guerra. A França *ainda existe* — insistia De Gaulle. Foi isso que sua bravura ajudou a provar. Com sua força de vontade, ele tornou real uma história que garantiu a sobrevivência de seu país. Ele se recusava a deixá-los morrer antes da hora. Fazia discursos tão calorosos sobre a grandeza da França que suas palavras se tornaram realidade. De Gaulle foi egoísta às vezes? Cometeu erros? Fez inimigos? Era divisor e polarizador? Sem dúvida. Enlouquecia Churchill. Era visto com suspeita por Roosevelt. Depois, como presidente da França, o país que ele salvou, tirou do sério todo tipo de pessoas e de grupos, desde as Nações Unidas até ambos os lados do conflito na Argélia, desde todo o Canadá, depois de seu discurso infame *"Vive le Québec libre"*, até cada um dos presidentes dos Estados Unidos — Truman, Eisenhower, Kennedy e Johnson. Certamente, era complicado trabalhar com De Gaulle, ele com certeza era um homem difícil de controlar e impossível de intimidar. *Por que você acha que tantas pessoas tentaram matá-lo?* Mas essa independência e esse destemor eram o segredo de sua grandeza — como são o segredo da maioria dos exemplos de grandeza.

"Talvez achem que eu não seja uma pessoa fácil de lidar", disse De Gaulle, ignorando críticas tal como Serpico. "Mas se eu fosse, hoje estaria na equipe do general Pétain." O tipo de pessoa que segue seu próprio caminho, que se recusa a aceitar a derrota, que acredita fielmente na própria capacidade de agir, que é corajoso o bastante para reivindicar a própria autonomia, mesmo correndo risco de morte ou de exclusão, não é o tipo de pessoa que recebe ordens, ou que faz concessões com facilidade.

É óbvio que De Gaulle nunca esteve realmente sozinho na luta contra a Alemanha. Não somente por causa de seus aliados — como os ingleses e os norte-americanos, a quem nem sempre dava crédito —, mas porque quem age com coragem nunca está sozinho.

"Sou um homem que não pertence a ninguém", disse, "e que pertence a todos." De Gaulle acreditava que estava desempenhando um papel em uma história grandiosa, em uma tradição grandiosa. Ao lado de seus companheiros, era apenas mais um ator na longa história da França, "seguindo os passos daqueles que serviram ao país desde o alvorecer de sua história", disse aos Franceses Livres, "e antecedendo todos os que a servirão pela eternidade de seu futuro", para que, um dia, "digamos à França, simplesmente, como Péguy: 'Mãe, olhe para seus filhos que lutaram por você'".

Ele estava trilhando a jornada do herói. Estava atendendo a um chamado igual ao que seus ancestrais tinham atendido e ao qual você mesmo tem a oportunidade de atender — se se recusar a ter medo e tomar as rédeas de seu destino.

Churchill chamava De Gaulle de *l'homme du destin* [o homem do destino]. Quando seguimos nosso destino, quando nos apropriamos do que deveria ser nosso, nunca estamos sozinhos. Estamos caminhando ao lado de Hércules. Estamos seguindo os passos dos grandes homens. Somos guiados por Deus, pelos deuses, por um espírito-guia, o mesmo que guiou De Gaulle e Napoleão, Joana d'Arc, Carlos Magno e todos os grandes nomes da história.

A coragem pode nos chamar para que resistamos sozinhos contra uma adversidade enorme, até mesmo contra o que parece ser o mundo inteiro.

No entanto, não estamos com medo, porque não estamos de fato sozinhos quando resistimos.

Porque, por trás de nós, assim como havia no caso de De Gaulle, há um grande império.

E devemos saber que, se lutarmos bravamente e pelo tempo necessário, descobriremos que *todos* estão conosco.

O MUNDO QUER SABER

Em 1937, Varlam Chalámov foi condenado a anos de trabalhos forçados em um *gulag* soviético.
Que crimes ele havia cometido? Os mesmos que levavam a maioria das pessoas àqueles infernos de gelo: cair do lado errado de um regime totalitário. Azar aleatório. Ousar criticar os poderes estabelecidos. Não ser comunista o bastante. Não confessar, embora isso dificilmente o tivesse salvado.
Ele estava em um dos lugares mais soturnos em que um ser humano poderia estar, e o que descobriu? Muita coisa sobre a condição humana. "Descobri que o mundo deveria ser dividido não em pessoas boas e más, mas em covardes e não covardes", escreveu. "Noventa e cinco por cento dos covardes são capazes das coisas mais vis, mais letais, sob a menor ameaça."
Quando perguntamos sobre coragem, pensamos no tema da maneira mais equivocada possível.
Não é nosso papel fazer a pergunta.
Pois é para *nós* que a pergunta está sendo feita.
No belíssimo e sombrio romance *Todos os belos cavalos*, de Cormac McCarthy, em uma prisão não muito diferente daquela em que Chalámov esteve, Emilio Perez faz a pergunta a John Grady da seguinte maneira:

"O mundo quer saber se você tem *cojones*. Você é corajoso?"

O mundo está perguntando a *você* sobre sua coragem. Todo dia, toda hora. Seus inimigos, seus obstáculos, estão fazendo essa pergunta a você.

Porque precisamos saber. Você é um dos covardes? Você é alguém com quem podemos contar? Você tem o que é necessário? Sêneca disse que, na verdade, sentia pena daqueles que nunca experimentaram infortúnios. "Vocês passaram pela vida sem um adversário. Ninguém jamais poderá saber do que são capazes, nem mesmo vocês."

É por isso que essa pergunta é tão importante. O mundo quer saber em qual categoria você se encaixa, então envia situações difíceis. Essas situações não são inconvenientes, nem mesmo trágicas, e sim oportunidades de saber a resposta. *Eu tenho* cojones? Ou talvez, mais abrangente: *Eu tenho coragem? Sou destemido? Vou enfrentar o problema ou fugir? Vou resistir ou ceder?*

Você responde a essas perguntas não com palavras, mas com ações. Não no privado, mas em público.

SE NÃO VOCÊ, ENTÃO QUEM?

Há milhares de anos, os seres humanos são obrigados a se fazer uma famosa pergunta, adaptada de Hillel, o Ancião:

"Se não eu, então quem? Se não agora, então quando?"

Ou, como John Lewis propôs:

"Se não *nós*, então quem?"

Porque precisa ser feito. Em um dos episódios mais sombrios da Guerra de Secessão, enquanto sitiava por meses a cidade de Petersburg — o único obstáculo remanescente no caminho para Richmond, a capital dos Confederados —, Ulysses S. Grant disse: "A tarefa é grande e alguém precisa realizá-la." Durante quase nove meses, batalharam contra um inimigo entrincheirado e desesperado, mas Grant recusava-se a ser desencorajado. Não vacilaria. Não seria dissuadido, não transferiria a responsabilidade para outra pessoa nem se iludiria com soluções menos custosas. Não. Ele permaneceu. Foi obstinado. *Liderou*. Ao tomar Petersburg, fez o que muitos outros generais tinham fracassado em fazer, no último minuto. Em poucas semanas, o Sul se renderia. Fora uma missão gigantesca, mas ao enfrentá-la, em vez de fugir, o poderoso flagelo da guerra finalmente foi encerrado.

Em 1861, Oliver Wendell Holmes era filho de uma família rica e poderosa. Poderia ter contratado um substituto para lutar em seu lugar na Guerra de Secessão, mas se alistou, lutou e quase morreu em Gettysburg. Depois de se formar em direito e de abrir um escritório particular lucrativo, obteve um emprego confortável em Harvard, que poderia ter mantido pelo resto da vida, seguro no prazeroso casulo do mundo das ideias. Em vez disso, largou o emprego — a um grande custo financeiro e sendo obrigado a cortar relações com muitas pessoas — para assumir o cargo de juiz estadual porque acreditava que advogados deveriam ir para onde a lei estava sendo executada. Mais tarde, foi promovido para a Suprema Corte, onde serviu incansavelmente até completar noventa anos — um recorde para a Corte.

"Penso que, como a vida é ação e paixão", escreveu Holmes, "um homem precisa compartilhar a paixão e a ação de sua época; do contrário, correrá o risco de ser julgado como alguém que não viveu."

"Quem sou eu para apresentar-me ao faraó?", perguntou Moisés quando seu destino o chamou. A resposta para ele foi a mesma que para você: *A pessoa certa para o trabalho certo.*

Cada um de nós é único. Grant era. Holmes era. Nightingale e De Gaulle eram. Cada um de nós possui habilidades próprias, o próprio conjunto de experiências e *insights*. Cada um recebe seu chamado. Se não atendermos a ele, privaremos o mundo de alguma coisa. Nosso fracasso em sermos corajosos se expande em ondas, atingindo a vida de outras pessoas.

Porque se você não adotar aquela criança, quem adotará? Se você não começar aquele negócio, quem começará? Se você não disser finalmente aquelas três palavras mágicas hoje, quando as dirá?

Provavelmente, ninguém; provavelmente, nunca. E se alguém o fizer, não será você — será diferente. Não será tão bom. Não será a *sua* contribuição.

Acreditar que alguém é capaz de fazer a diferença é o primeiro passo. O próximo é entender que *você* pode ser essa pessoa.

O PREPARO TORNA VOCÊ CORAJOSO

⁓

As outras pessoas são naturalmente mais corajosas do que você? Ou são apenas mais bem preparadas?

"Saber como fazer algo é uma ajuda", é como começa o manual *Army Life*, que os comandantes do Exército dos Estados Unidos entregavam a cada um de seus milhões de soldados durante a Segunda Guerra Mundial. "A mente se reconforta e há mais satisfação pessoal em saber seu lugar e seu papel neste Exército do que em qualquer outra coisa que você possa fazer agora por si mesmo. Se desejar, seja egoísta quanto a isso; aprenda seu trabalho porque entender como se portar fará com que você se sinta melhor. Saber suas tarefas, suas obrigações, seus direitos e suas oportunidades fará com que, um dia, você seja mais valioso para este exército. A longo prazo, esse conhecimento também lhe trará satisfação *pessoal*."

Embora seja possível tentar explicar o medo, é muito mais eficaz substituí-lo. Pelo quê? *Competência*. Treinamento. Tarefas. Um trabalho que precisa ser feito.

Foi o que aconteceu com o exército romano quando estava encurralado nas Forcas Caudinas, em 321 a.C. Barricados em um desfiladeiro estreito por árvores caídas e rochas em uma extremidade e homens armados na outra, as tropas estavam encurraladas. Quando se deram conta da magnitude da adversidade em que se encontravam — cercados por obstáculos intransponíveis e um inimigo obstinado —, ficaram paralisados de medo. Um homem olhava para outro, esperando que alguém soubesse o que fazer. Os generais também estavam estupefatos, perdidos. Como aquilo tinha acontecido? O que poderiam fazer? Seria possível sobreviver?

Então, um soldado desconhecido, anônimo, esquecido pela história, tomou a iniciativa de construir fortificações. Instintivamente, sem precisar receber ordens, os demais homens o seguiram. Com certeza, não fazia nenhum sentido construir uma paliçada, considerando a péssima situação em que se encontravam, mas fazer algo era melhor do que nada. Os soldados se deixaram ser tomados pelo treinamento — encontraram consolo e força nele.

Era um conforto mental. Algo para ocupar o tempo. O *trabalho deles*. Observando o comportamento estranho, o inimigo começou a zombar e a provocar. Os próprios romanos riam de seu trabalho inútil, mas continuavam. Ao fortificarem suas posições, fortificavam a si mesmos. O estupor logo se dissipou, e a determinação deles se fortaleceu. Mais tarde, os inimigos chegaram a um acordo com os romanos, preferindo não correr o risco de atacar um inimigo tão disciplinado.

Treinar não é algo que somente atletas e soldados fazem. É o segredo para superar o medo em todas as situações. O que não esperamos, o que não praticamos, tem vantagem sobre nós. Somos capazes de responder a tudo para o que nos preparamos, a tudo que previmos. De acordo com Epicteto, quando encontramos adversidades, nosso objetivo é poder dizer: "Foi para isso que treinei, pois sou disciplinado."

Se você não quer se encolher quando deparar com um obstáculo, siga o conselho de Sêneca: *treine antes que ele apareça*.

Podemos lidar com tudo com que estamos familiarizados. O perigo pode ser mitigado pela experiência e pelo treinamento. O medo leva à aversão; a aversão, à covardia. A repetição leva à confiança; e a confiança, à coragem.

O valentão que precisa ser confrontado. A coletiva de imprensa difícil. A aposta arriscada. A opinião impopular, mas ética. Estar cercado por inimigos. Nesses momentos é que nosso treinamento deve entrar em ação, porque se não entrar o medo ocupará seu lugar. A dúvida ocupará seu lugar. Cuidando apenas de nossa vida e trilhando o caminho mais fácil, isso é o que faremos instintivamente.

Pegando emprestada uma frase famosa de Allen Iverson: estamos falando sobre *prática*? Sim, estamos falando sobre prática. Porque é o mais importante. Com a prática, você repassa as ações mentalmente. Desenvolve a memória muscular do que fazer em qualquer situação. Aprende a fortificar e é fortificado no processo. Faz os exercícios, repassa as escalas. Pede que alguém lhe faça perguntas difíceis. Fica confortável com o desconforto. Treina no seu limite por intervalos programados, aumentando seu nível na corrida. Você se familiariza. Monta seu rifle com os olhos vendados, faz musculação com um colete de pesos. Repete isso mil vezes, e depois mais mil enquanto não há pressão, para que, quando houver, saiba exatamente o que fazer.

Saber como fazer algo é uma ajuda. Mas é o preparo que torna você corajoso.

SIMPLESMENTE COMECE. SIMPLESMENTE FAÇA ALGUMA COISA

Daniel Ellsberg iniciou sua jornada de delator participando de uma conferência de paz. Fazendo algumas perguntas. Decidindo levar os documentos para casa e examiná-los com calma. Ninguém começa vazando os Papéis do Pentágono. O início é sempre menos radical. Os franceses chamam de *petites actions* — aqueles primeiros passos pequenos, os que geram impulso, as pequenas coisas que se somam.

Faríamos bem em pensar nesse conceito quando sentimos medo ou quando nos desesperamos com um problema enorme.

Não precisamos liderar um grande ataque.

Deixe de lado qualquer ideia de gesto que desafie a morte.

Às vezes, o melhor jeito de começar é com uma pequena ação.

Foi o que aconteceu com Ellsberg, que trabalhava para uma administração que não tolerava qualquer tipo de dissensão, inclusive fazer perguntas mordazes ou desconfortáveis. Vazar os documentos para o *The New York Times* não era o que ele tinha em mente no começo, mas foi uma consequência de outros atos mais antigos e rotineiros que o impeliram, aos poucos, nessa direção.

E é o que acontece com todos os tiranos considerados invencíveis, de Richard Nixon a Harvey Weinstein e todos os que vieram depois: alguém os derruba. Alguém causa o primeiro arranhão na armadura. Essa pessoa poderia ser você?

"Nunca perca a oportunidade de incentivar um começo prático, por menor que seja", disse Florence Nightingale, "pois é maravilhosa a frequência com que a semente de mostarda germina e se enraíza nessas situações." Foi assim com ela. Florence foi trabalhar em um hospital por um verão e conquistou a confiança para dedicar a vida àquela função. Foi muito mais fácil convencer a família a não impedir quando alegou que seu experimento no cargo de enfermeira tinha uma data de validade. Também foi mais fácil de convencer a si mesma.

Thomas Edison discordava. Dizia que a vida era curta demais para se começar com as coisas pequenas. Sempre queria ir direto para os problemas difíceis, para os projetos ambiciosos. *A sorte favorece os corajosos*, certo?

Talvez a maneira de conciliar essas ideias seja de fato começar com *petites actions*, mas em nossa *magnum opus*.

Comece pequeno... a fazer algo grande.

Elimine um problema. Movimente um pouquinho as coisas. Escreva uma frase. Envie uma carta. Produza uma fagulha.

Depois a gente descobre os passos seguintes.

Os faróis de seu carro iluminam poucos metros da estrada escura à sua frente, mas o bastante para você seguir adiante.

Não é assim que solucionamos grandes problemas? Dividindo-os em partes menores? Concentrando-nos no que está à nossa frente? Idealmente, no começo, antes que fique mais difícil e seja soterrado por outros problemas? (Diz o ditado que é mais fácil atravessar um rio perto da nascente.) Você gera algum embalo, ganha confiança quando começa a riscar itens da lista. E, acima de tudo, não é isso o que o treinamento ensina? Ele indica que pequena ação você deve fazer, por onde deve começar, qual é o seu trabalho agora.

Você não será sempre bem-sucedido, mas, de novo, não se trata *apenas* de você. Alguém pode continuar de onde você parou. Tudo o que você precisa fazer é começar. Tudo o que precisa fazer é usar toda a sua capacidade para dar conta da sua parte no revezamento. Dê seu melhor, faça o que puder, agora. E pronto.

Além disso, não há como evitar — você precisará agir. No entanto, ficará surpreso com o efeito que uma pequena diferença pode fazer.

"Aquele que faz *alguma coisa* no comando de um regimento", lembra-nos Lincoln, "eclipsará aquele que não faz *nada* no comando de cem." É melhor vencer uma batalha pequena do que postergar à espera de uma batalha maior e perfeita no futuro.*

A luta continua. Nós fazemos nosso papel.

Começamos. Fazemos o que podemos, onde estamos, com o que temos. É um avanço.

---

* Lincoln demitiu o general McClellan e o substituiu por Grant por esse motivo. "Ele combate", disse Lincoln.

VÁ!

Charles Lindbergh tinha todos os motivos do mundo para não ir. Ninguém jamais atravessara o Atlântico em um voo sem escalas. Ele mesmo jamais pilotara em um voo sobre a água. Na verdade, nem em voos de longa distância. Nunca voara mais de oitocentos quilômetros sem o embalo de um forte vento de cauda e a capacidade de se orientar a partir de marcos no solo. Nem sequer ficara acordado as cinquenta e cinco horas consecutivas que seriam necessárias para realizar tal feito.

Então, um de seus rivais sofreu um acidente em um voo experimental, que deixou três dos quatro tripulantes gravemente feridos. Semanas depois, dois pilotos que tentaram realizar a ponte Paris-Nova York desapareceram em voo e nunca mais foram encontrados.

Ele deveria fazer aquilo — voar por 5.750 quilômetros sobre mar aberto e sem marcos distintivos — *sozinho*? Em um avião cuja capacidade de carga era tão precária que ele não podia se dar ao luxo de transportar um paraquedas de dez quilos? Com certeza, o mundo estava pedindo muito de Lindbergh, até mais do que ele de si.

Em 19 de maio de 1927, Lindbergh chegou ao Campo Roosevelt, em Long Island, e não viu sinal de seus concorrentes. Houve uma leve mudança no clima. Ele encheu os tanques do avião. Teve dificuldade para dormir naquela noite. De manhã, mais problemas logísticos. Discussões sobre o vento. Estava ficando tarde. Todas as objeções e dificuldades logo voltaram à sua mente. Os olhos dos homens no hangar e na pista estavam cheios de dúvida — já haviam testemunhado a cena muitas vezes.

Lindbergh subiu para o assento de vime. Colocou os óculos de proteção. Ligou o motor. Em poucos minutos, estava taxiando rumo ao destino. Ele hesitou. Refletiu mais uma vez. Repeliu os pensamentos e acelerou. Às 7h52 da manhã, as rodas do avião decolaram quando restavam somente sete metros de pista. Em menos de um dia e meio, ele estava em solo francês.

Como você supera tanto medo? Todos os motivos para não fazer seja lá o que tenha planejado?

Nas palavras do condecorado *seal* da Marinha dos Estados Unidos, Jocko Willink, para superar o medo, *você vai*.

Você simplesmente faz. Você salta no escuro. É o único jeito.

Porque, se não o fizer, o que espera por você? O fracasso. O arrependimento. A vergonha. Uma oportunidade perdida. Nenhuma esperança de seguir em frente.

"Em questões como esta", explicou De Gaulle certa vez a alguns membros reticentes de sua administração, "você deve se mexer ou morrer. Escolhi me mexer; isso não exclui a possibilidade de também morrer." E ele foi, assim como a esposa, enquanto a França caía — sem malas, sem paraquedas, sem um plano B. Seguiu em frente corajosamente dezenas de outras vezes em sua carreira, fosse na crise da Argélia ou nos protestos estudantis de 1968.

Alea iacta est.

Para o inferno com os torpedos!*

Há riscos? Óbvio que sim. É compreensível ficar preocupado. Mas você não terá nenhuma chance de sucesso se não fizer nada, se nem mesmo tentar. Ninguém pode garantir uma vida segura, nada exclui a possibilidade de fracassar ou de morrer.

E se você não for? Bem, assegura o fracasso e morre de outra forma. Depois, desejará ter feito alguma coisa. Sempre desejamos.

O que significa que, agora, *você precisa ir*.

---

* Na Guerra de Secessão, costumava-se chamar as minas navais de "torpedos". Essa expressão famosa não significava "Prepare suas armas!", como alguns acreditam, mas, sim, "Esqueça os obstáculos, vamos em frente!".

DIGA A VERDADE AOS PODEROSOS

Júlio César ordenou a Décimo Labério se apresentar diante dele. Para alguns, isso seria uma honra. Para outros, uma pequena indignidade. Para Décimo, que não era nenhum puxa-saco, a ordem criou uma obrigação moral.

Uma obrigação moral de resistência.

Com o líder na plateia e todos assistindo, Décimo criticou César diretamente, zombando de sua tirania e prevendo sua morte dolorosa. O mais impressionante é que fez isso tão bem, de modo tão artístico, que César ficou sem uma desculpa para puni-lo.

A palavra em grego para esse tipo de coragem era *parrhesia*. Significava dizer a verdade contra o poder. Significava se recusar a aceitar a mentira, ou a agir com falsidade. Sócrates foi o *parrhesiastes* clássico, um homem que dizia o que os outros tinham medo de dizer às pessoas das quais tinham medo. Parafraseando um antigo historiador: ninguém podia obrigar Sócrates a fazer, dizer ou pensar qualquer coisa que fosse alheia ao seu caráter.

De certo modo, é estranho que nós admiremos esse tipo de coragem. Não deveria ser a norma? Não é uma de nossas obrigações básicas enquanto pessoas?

Saber a verdade e não dizer a verdade... é trair a verdade.

Você pode se livrar da culpa permanecendo em silêncio, mas não há desculpa. Você é culpável. É um covarde. Talvez ninguém *queira* ouvir a verdade, e podem muito bem ter medo de ouvi-la, mas você não pode ter medo de dizê-la.

Em 1934, o pastor e teólogo alemão Dietrich Bonhoeffer chegou atrasado ao enredo de *A roupa nova do rei*. Após observar seus colegas cristãos começarem a mentir para si mesmos sobre o governo nazista e as mentiras hediondas de Hitler, a história o atingiu como um soco no estômago. "Tudo de que carecemos hoje", escreveu em uma carta para o irmão, "é a criança que se manifesta no final." Se o garoto do conto pode desafiar um rei por instinto, qual é a sua desculpa?

É óbvio que você tem um milhão: o ato prejudicaria seu emprego; as pessoas não gostarão de você; não faria muita diferença; vai complicar seu trabalho; ninguém quer ouvir sobre o assunto; não quer que fiquem bravos com você.

Tudo bem, *puxa-saco*.

Ser intimidado é uma coisa, se corromper é outra.

Foi isso que De Gaulle compreendeu sobre Hitler. Sua força dependia totalmente da "covardia dos outros". Ninguém estava disposto a acusar um valentão. Ninguém na Alemanha estava disposto a ver que o rei estava sem roupa e que, na verdade, era um lunático assassino. Definitivamente, ninguém estava disposto a apontar o erro. Porque ninguém disse nada, ninguém fez nada, exceto afirmar a Hitler o que ele queria ouvir. Dessa forma, todos se tornaram cúmplices.

Mesmo assim, devemos saber que a obrigação de dizer a verdade não é uma licença para ser cruel. Sócrates estava tentando ajudar as pessoas a se atentarem ao que importava. Sua intenção não era ofender, mas ensinar. O fato de ele ter ofendido algumas pessoas e feito alguns inimigos não impediu sua busca pela sabedoria nem o cumprimento de sua obrigação.

A sociedade não pode funcionar sem esse tipo de pessoa. Não se trata sempre de algo tão radical quanto olhar César nos olhos e dizer o que se pensa dele. Também é Dave Chappelle fazendo piada com nossa hipocrisia e nossos absurdos. É Nassim Taleb perfurando a bolha de nossas pretensões e certezas. É Diógenes questionando nossas premissas mais básicas.

Precisamos que as pessoas desafiem o *statu quo*. Precisamos de artistas que explorem questões pessoais... e façam críticas públicas.

Precisamos de políticos que insistam em liderar com honestidade, e eles próprios precisam de conselheiros especializados que não hesitem em lhes contar fatos desagradáveis. Precisamos de uma população que se recuse a tolerar propaganda, racionalizações e acobertamentos. Pessoas em todas as posições que estejam dispostas a se levantar e dizer: "Não é certo. Não farei parte disto."
Precisamos que *você* diga isso.

SEJA AQUELE QUE DECIDE

O domínio da arte da liderança do general George Marshall estava gravado na memória do futuro secretário de Estado, Dean Acheson. Diplomatas e líderes queriam debater sem parar. Sobre o que fazer. Sobre quem estava errado. Sobre o que dizer. Sobre o que comer no almoço.

Inevitavelmente, Marshall interrompeu com uma ordem: "Cavalheiros, não lutem contra o problema! Tomem uma decisão quanto a ele!"

Porque, enquanto o medo quer que você passe o dia pensando sobre o assunto, a coragem sabe que não será possível.

Acheson se deu conta de que o mais raro dos dons concedidos pelos deuses era *a capacidade de decidir*. Para ter sucesso na vida, nas relações exteriores, em um mundo complicado e confuso, um líder deve aprender a tomar decisões com coragem e objetividade. Sem ambiguidade. Sem vacilar.

Marshall tinha esse dom. Truman também. Foi assim que conseguiram salvar a Europa da fome e da falência no pós-guerra, assim como Berlim, após ser bloqueada pela Rússia. Eles estavam dispostos a se erguer e escolher.

"Seu trabalho como presidente é decidir", escreveu Acheson. "O senhor Truman *decidia*."

Já nos primeiros trinta dias como presidente, Truman precisou tomar decisões sobre:

- a interferência soviética na Polônia;
- a primeira reunião das Nações Unidas;

- o primeiro carregamento de urânio;
- a entrada dos soviéticos na guerra contra o Japão.

Dentro de algumas semanas, ou de alguns meses, também decidiria a respeito de lançar ou não a bomba atômica, salvar a Europa por meio do Plano Marshall, da doutrina de contenção contra agressões soviéticas, do Bloqueio de Berlim e de muitas outras coisas.

Você pode pensar que essas foram decisões angustiantes e difíceis, considerando o que estava em jogo e a falta de consenso entre os especialistas. E foram mesmo.

No entanto, isso foi apenas uma parte do processo. Truman e Marshall sabiam que seriam criticados. Sabiam que cada decisão envolvia um risco. Sabiam que a responsabilidade era deles — que o nome deles estava em jogo; literalmente, no caso da Doutrina Truman e do Plano Marshall.

Contudo, não somente decidiram, como se concentraram no que existe de mais assustador na vida: levar suas decisões a cabo.

Na sala de cirurgia, o médico não pode demorar. Ele deve tomar a decisão rapidamente, agir de acordo com ela e ter a coragem de encarar os resultados de vida e morte do processo. O lutador, o corretor, o artista, o CEO de uma empresa diante de uma reviravolta — todo líder está na mesma enrascada. Existe uma espécie de selvageria nas profissões em que as consequências estão sempre na balança, em que é necessário dar um golpe mortal, em que pessoas devem ser demitidas e cheques devem ser assinados. Há algo terrível nessa selvageria — mas ninguém ganha, muito menos as pessoas vulneráveis em jogo, por meio de inação e timidez.

Tentamos alegar que precisamos debater para chegar à decisão certa, que precisamos de mais informação. Na verdade, estamos adiando. Não queremos abandonar o conforto do *statu quo*.

Estamos ponderando se pedimos demissão, se fazemos este ou aquele investimento, se tornamos público o que sabemos, se demitimos alguém... Adiamos, repetidas vezes, a chegada ao ponto crucial do que precisamos *fazer*, preferindo intermináveis suposições e distrações.

Ao deixar o palco, depois de confrontar corajosamente César, Décimo também zombou de Cícero na cara dele — chamando-o de o homem que "se senta em dois banquinhos", uma referência ao fato de o político não ter escolhido um lado na guerra civil. Em pouco tempo, os inimigos de Cícero fizeram a escolha por ele.

Existe um ótimo ditado: seja lá o que não estiver mudando, você está *escolhendo*. Depois, desejará ter feito algo. Seja romper um relacionamento abusivo ou fundar uma empresa. Não lute contra a decisão — *tome uma decisão*. Agora.

Os segundos preciosos que você passou debatendo poderiam tê-lo afastado mais do furacão. O tempo que passou hesitando quanto a se manifestar poderia ter sido investido em mitigar as consequências. O melhor momento para ter lidado com um problema difícil foi há muito tempo, o segundo melhor momento é agora.

"O cenário é sombrio", escreveu Truman para a filha, em 1948, enquanto os soviéticos invadiam a Tchecoslováquia. "Uma decisão precisará ser tomada, e eu a tomarei."

Você não pode resolver um problema debatendo sobre ele, mas decidindo o que fará e *colocando em prática*. Não simplesmente agindo de qualquer forma, mas tomar uma decisão certa e *imediata*. E se, por acaso, a decisão for equivocada, ou se cometer um erro, você pode decidir de novo, com o mesmo tipo de coragem e objetividade.

É BOM SER DIFÍCIL

Sentada à mesa em frente ao entrevistador, após diversas etapas do processo de seleção, a pesquisadora mal conseguia ler a avaliação escrita na parte de cima da folha. Lendo da melhor maneira que conseguiu o texto de cabeça para baixo, Margaret Thatcher viu o que achavam dela:

"Esta jovem tem uma personalidade forte demais para trabalhar aqui."

Há duas maneiras de interpretar o recado: como uma acusação ou como um grande elogio.

O covarde escolhe a primeira opção. Com uma dose de autoconfiança, a crítica poderia ser educadamente ignorada. É preciso coragem para ignorá-la, para não deixar que ela — ou eles — mude você.

E então, o que será?

Lembre-se do que diziam sobre Serpico.

Do que diziam sobre De Gaulle.

Do que diziam sobre Nightingale.

Você é difícil.

É óbvio que eram. Os bem-comportados quase nunca fazem história. Se tivessem sido mais conciliadores, um pouco mais dispostos a aceitar o papel que esperavam deles, se tivessem se importado um pouco mais com como os outros achavam que deviam se comportar, se fossem um pouco mais fáceis de lidar, nem sequer teria existido uma postura independente para se adotar.

E embora os poderes estabelecidos possam ter chamado essas pessoas de difíceis, a história veio a chamá-las de *iconoclastas*.

Alguns de nós têm medo de ser diferente. Quase todo mundo tem medo de ser *difícil*. Mas essas características trazem também certa liberdade. Liberdade de lutar de forma agressiva pelo que acreditamos. De chegar a um outro patamar. De não fazer concessões. De não aceitar um suposto "fim da questão".

É preciso coragem para tudo isso. Especialmente em um mundo que não quer ser incomodado, que quer que todos permaneçam em seus lugares, que não quer ninguém perguntando *por quê*.

August Landmesser não estava pensando em fazer história quando se recusou a executar a saudação nazista obrigatória na inauguração de uma nova embarcação da Marinha alemã. Simplesmente sabia que não seguia regras nem convenções que violavam suas convicções. Foi por esse motivo que, em 1935, se casou com uma mulher judia, desrespeitando a lei. Não sabia que estava sendo fotografado, que entraria para a história como um símbolo do alemão solitário que se recusou a endossar a tirania — o homem solitário que se opôs à pressão da multidão.

Ele era difícil, o que lhe custou tudo. Mas ele não trilharia outro caminho.

Tentarão punir você. É por isso que, todos os dias, você precisa desafiá-los. Precisa ser combativo. Precisa ser determinado. Precisa ser confiante. *Não*, as coisas não vão ser assim. *Não*, o que você está propondo não é "o melhor para todos". *Não*, não vou ficar calado. *Não*, não terminou. *Não*, não vou "me conter".

Vão chamar você de louco — porque a coragem *é* louca. Precisamos estar dispostos a seguir em frente, a ser fiéis a nós mesmos, custe o que custar. Não podemos apenas não ter medo de sermos nós mesmos, devemos *insistir em sermos nós mesmos*.

Apesar dos sacrifícios. Apesar da resistência. Apesar do medo. Não é fácil, mas vale a pena.

Porque as pessoas difíceis conhecem o prazer do sorriso malicioso na fotografia de John Lewis tirada quando ele foi preso no Mississippi, em 1961. O prazer de provocar um *problema bom*. De estar do lado certo. O prazer de perturbar a ordem vigente e, talvez, com sorte, no fim das contas, o prazer do bem triunfando sobre o mal.

Margaret Thatcher era difícil, provavelmente difícil demais para trabalhar naquela fábrica de produtos químicos que logo seria esquecida. No entanto, foram sua teimosia e sua intensidade — reforçadas pelos conflitos com pessoas que resistiam a elas — que, por fim, a equiparam para conduzir a Inglaterra por um período difícil da história moderna. Você não se torna a primeira mulher a ser primeira-ministra de um país se misturando à multidão.

Ela era a Dama de Ferro. Assim como Serpico, De Gaulle, Lewis e Nightingale, não poderia ter sido nenhuma outra coisa. Eles receberam o chamado para ser quem eram, e tiveram a coragem de insistir em atender a ele.

APENAS ALGUNS SEGUNDOS DE CORAGEM

Em 19 de outubro de 1960, Martin Luther King Jr. foi preso por tentar comer dentro da loja de departamentos Rich's, em Atlanta. Com King sob custódia, as autoridades sulistas rapidamente aproveitaram a oportunidade de tentar esmagar o inimigo enquanto tinham a chance. Detendo-o por outras acusações, negaram-lhe a fiança e, depois, enviaram-no direto para a prisão estadual, em Reidsville, condenado a quatro meses de trabalhos forçados acorrentado a um grupo de prisioneiros. Houve uma preocupação real com a possibilidade de King ser espancado ou linchado, de modo que, bastante aflita, Coretta Scott King, no fim da gravidez do terceiro filho do casal, telefonou tanto para a campanha de Nixon quanto para a de Kennedy, que, em uma das eleições mais apertadas da história dos Estados Unidos, estavam desesperados pelo voto das pessoas negras.

Nixon, diga-se de passagem, não somente era amigo de King, como também supervisionara pessoalmente a luta pelos direitos civis que a administração de Eisenhower estava encabeçando. Seus conselheiros sugeriram aproveitar a oportunidade, mas Nixon hesitou — ponderando as mesmas considerações que tinham passado pela cabeça de Theodore Roosevelt, meio século antes. Não queria perder os votos do Sul. Não queria se envolver em uma controvérsia. Temia que aquilo parecesse um espetáculo para chamar atenção. Portanto, naquele momento, traiu King e deixou a porta aberta para Kennedy telefonar tanto para o governador da Geórgia quanto para Coretta, para quem ligou diretamente de um aeroporto e a quem consolou e assegurou de que tudo ficaria bem.

No meio-tempo, o irmão dele, Robert Kennedy, entrou em contato com o juiz do Alabama e o pressionou para libertar King.

Assim que saiu da prisão, King divulgou quem o ajudara quando ele precisara, ainda que tivesse planejado votar em Nixon. "Eu conhecia Nixon havia mais tempo", lembrou, "ele me telefonava com frequência para conversar sobre algumas questões, buscando e obtendo meus conselhos. Mesmo assim, quando precisei, foi como se ele nunca tivesse ouvido meu nome. Portanto, é por esse motivo que o considerei, de fato, um covarde moral e alguém que não estava disposto a tomar uma atitude corajosa e correr um risco."

Duas semanas depois, Kennedy acabou vencendo as eleições por menos de meio ponto percentual — somente 35 mil votos cruciais, em dois estados cruciais. Dois telefonemas tinham lhe assegurado a presidência. Alguns segundos de covardia, o tempo que teria levado para falar com a esposa de um homem bom preso injustamente, custou o cargo a Nixon.

Não importa quem você é ou qual seja o seu histórico. O que importa é o momento — às vezes, até menos do que um momento. Você vai tomar uma atitude? Ou está com medo demais?

Clicar para enviar aquele e-mail leva apenas alguns segundos.

... falar aquelas primeiras palavras.

... levantar o braço e se voluntariar.

... dar o primeiro passo em direção a um ninho de metralhadoras.

... mudar seu voto de sim para não, ou de não para sim.

... pegar o telefone, assim como Kennedy, não para salvar a vida de King, mas para reconfortar a esposa do ativista.

Depois que o acontecimento está em andamento, tudo o que resta é seguir seu instinto. Cumprir suas responsabilidades. Colocar um pé na frente do outro. Você abandona a faculdade e inicia a nova carreira. Você dá entrada nos documentos do divórcio e mergulha na reconstrução de sua vida. Você entra no escritório da Comissão de Valores Imobiliários para fazer sua reclamação. Você estará ocupado demais para ter medo. O ímpeto começa a agir a seu favor, e não contra você.

Há uma ótima fala escrita por Cameron Crowe e Matt Damon para o filme *Compramos um zoológico*, baseado na história real de um autor inglês que comprou mesmo um zoológico. O personagem de Matt Damon diz para o filho pequeno: "Sabe, às vezes, tudo de que você precisa são vinte segundos de coragem insana. Literalmente, só vinte segundos de uma coragem embaraçosa. E prometo a você que algo de bom vai acontecer."

Podemos mesmo fazer essa promessa? Não, a vida não é cinema. Nunca sabemos as consequências. Você pode não ter sucesso, mas precisa tentar. Porque não agir é uma certeza. Aqueles poucos segundos ficarão marcados em nós a ferro e fogo. "Eu tive medo" não é uma desculpa aceitável.

Quando ficamos maravilhados ou intimidados com a coragem das pessoas, com frequência não nos damos conta de que não foi uma coisa muito planejada. Começou com uma decisão simples. Começou com um salto no escuro. "Ele *não sabia* que era politicamente sensato", refletiu King sobre a decisão de Kennedy. Podemos dizer a mesma coisa em relação a King — quando embarcou no primeiro boicote aos ônibus em Montgomery, ele não sabia que o ato moldaria o resto de sua vida, e também o mundo.

Coragem é definida no momento. Em *um* momento. Quando decidimos desistir ou agir. Saltar ou recuar.

Uma pessoa não é corajosa em geral. Nós somos corajosos em momentos específicos.

Por alguns segundos. Com alguns segundos de uma coragem embaraçosa, podemos ser grandes.

E isso é o bastante.

FAÇA DA CORAGEM UM HÁBITO

Em 1920, Harry Burns era um político comum no Tennessee. Não tinha um histórico de posicionamentos ousados nem de votos corajosos. Não era um ativista nem chegava perto de ser uma estrela da política. Tinha apenas 25 anos, e havia cumprido dois anos de seu mandato na Câmara dos Deputados estadual.

"Meu voto nunca prejudicará vocês", tranquilizou seus líderes políticos, que eram obstinadamente contra ratificar a Décima Nona Emenda. Eles acreditaram nele, e Burns cumpriu o prometido, votando duas vezes para adiar a discussão da ratificação. Até usava uma rosa na lapela, símbolo que os chamados "antissufragistas" usavam para divulgar sua posição.

Então dá para imaginar a surpresa quando, em 18 de agosto, seu "sim" não somente ratificou a emenda no Tennessee, como também, de repente, disparou a aprovação de uma emenda constitucional que concedeu a vinte milhões de mulheres o direito de votar. Dá para imaginar tanto a surpresa quanto o terror que Burns estava sentindo. Harry era um filhinho de mamãe — literalmente, sustentando a mãe viúva. Houve ameaças de violência do povo. Sua candidatura à reeleição ficou ameaçada. A maioria dos constituintes não ficou satisfeita.

Mesmo assim, ele votou sim.* Deve ter sido o momento mais assustador da vida dele.

Poderíamos contrastar a coragem atormentada de Harry Burns com um momento parecido na vida do político John McCain. Quase exatamente cem anos depois da crise de consciência de

---

* Embora devamos destacar que ele só estava nessa posição por causa da profunda e enorme coragem de *gerações* de sufragistas.

Burns, a anulação da Lei de Proteção e Cuidado Acessível ao Paciente estava sendo votada no Senado dos Estados Unidos. McCain era um crítico de longa data do que veio a ser chamado de "Obamacare"; na verdade, fizera campanha para anulá-lo. Contudo, em uma votação dramática durante a madrugada, McCain teve o voto decisivo — erguendo um braço e depois voltando rapidamente o polegar para baixo a fim de dizer *não* — contra o esforço dos republicanos para eliminar essa lei.

Em 2010, McCain criticara os democratas pelas táticas adotadas para aprovar a lei e se recusou a apoiar o próprio partido a fazer o mesmo agora que estava no poder. Na verdade, porém, o motivo pelo qual fez isso é, de fato, menos importante para nossos propósitos do que *como* ele se sentiu ao fazê-lo.

Embora, em ambos os casos, o voto tenha exigido somente "alguns segundos de coragem", McCain sentiu muito menos medo do que Harry Burns. Não estava nem um pouco em conflito. Tampouco vacilou ou questionou a si próprio. Porque fizera carreira surpreendendo as pessoas. Sendo o cara com quem todo mundo está furioso e sendo fiel aos próprios princípios mesmo quando aquilo não estava de acordo com seus melhores interesses.

Burns fechou os olhos e saltou rumo ao desconhecido, devia estar mais do que parcialmente convencido de que estava cometendo suicídio profissional. Nunca fizera nada parecido, não tinha experiência com o frio na barriga. Não estava tomado de coragem. Se não fosse por um bilhete da mãe, Harry Burns talvez não tivesse conseguido enfrentar aquele momento de medo e dúvida. "Hurra! Vote pelo sufrágio e não os deixe em dúvida", dissera ela. "Reparei no tom amargo do discurso de Chandler. Tenho acompanhado tudo, esperando você se destacar, mas ainda não vi nada... Não se esqueça de ser um bom garoto e de ajudar a senhora 'Thomas Catt' com suas 'Ratazanas'. Foi ela quem colocou o "rat" em ratificação, rá! Nada mais de mamãe por enquanto... Com muito amor, Mamãe."

A mãe de McCain — ainda viva aos 105 anos, na época da votação da Lei de Proteção e Cuidado Acessível ao Paciente — não precisava lembrar nada ao filho. Porque o criara para trilhar o caminho difícil desde o nascimento. McCain escreveria que aprendeu com ela a aceitar dificuldades como "elementos de uma vida interessante". Fizera da coragem um hábito, como todos nós devemos fazer. Dava para ver o prazer nos olhos dele enquanto partia após ter tomado sua decisão. Amou deflagrar aquele golpe, bem na cara da liderança do próprio partido — foi o *coup de grâce* de sua vida e de sua carreira.

Não podemos simplesmente esperar que sejamos corajosos quando for necessário. Precisamos cultivar a coragem. Nenhum jogador de basquete fica esperando acertar o arremesso que determina a vitória na partida — eles o praticam milhares de vezes. Praticam o arremesso em treinos, em jogos amistosos e sozinhos na quadra enquanto fazem a contagem regressiva mentalmente.

Eis um conselho um pouco clichê: todo dia, faça uma coisa que lhe dê medo.

Na verdade, não é tão ruim. Como você espera fazer as grandes coisas de que tem medo — de que todos têm medo — se não treinou antes? Como você pode confiar que agirá quando os riscos forem grandes se não faz isso regularmente, mesmo quando os riscos são pequenos?

Precisamos nos testar. Precisamos *fazer da coragem um hábito*.

"*Sempre* faça o que tem medo de fazer", disse Ralph Waldo Emerson. Ou, como escreveu William James, precisamos transformar nosso sistema nervoso em um aliado e não em um inimigo. Quando fazemos as coisas no piloto automático, pensamos menos sobre tudo, temos menos margem para errar. Não existe ninguém, disse ele, mais infeliz do que a pessoa "em quem nada é habitual, exceto a indecisão". Na verdade, existe: ninguém é mais infeliz do que a pessoa que escolhe sempre os pretextos e a covardia.

Sua vida é terrível, e ela decepciona a si mesma e todo mundo nos momentos mais importantes.

Portanto, o melhor que você pode fazer é começar com as coisas pequenas. Podemos abrir a torneira da água fria no chuveiro. Podemos nos voluntariar para falar com os arruaceiros. Podemos vestir a fantasia idiota para agradar a nossos filhos sem nos importarmos com o que os outros pensam. Podemos admitir quando não sabemos algo, sob o risco de condescendência e de revirar de olhos. Podemos concordar em tentar o que jamais tentamos.

E assim, quando for importante, saberemos o que fazer. Saberemos o que *vamos* fazer.

Escolheremos a coragem. A coisa certa. A decisão que está de acordo com nossos princípios.

Sem nos importar com as consequências.

ASSUMA A OFENSIVA

"*O* que faz você perder o sono?", perguntou um repórter televisivo certa vez ao general James Mattis. Antes mesmo que a pergunta fosse concluída, ele já estava respondendo.

"*Eu* faço as pessoas perderem o sono."

A resposta captou a filosofia que rege a vida desse homem guerreiro — e de todos os que vieram antes e depois. Uma filosofia de *ofensiva*. De iniciativa. De intimidar o inimigo, em vez de ser intimidado, de provocar medo — provocar, *ponto-final* —, em vez de ser atingido por ele. É por esse motivo que suas tropas recebiam ordens de montar e dormir em acampamentos em forma de "V" à noite — um "V" apontado na direção do inimigo. Foi por esse motivo que, na Guerra do Golfo, ele dispensou um oficial que, em todos os outros aspectos, era excelente, por avançar muito devagar. Pegando emprestada uma frase do general inglês Sir Douglas Haig, Mattis possui a característica que todos os grandes soldados devem ter: "Um desejo sincero de enfrentar o inimigo." E não espera nada menos das suas tropas.

O quê? Você vai esperar que seu oponente se prepare? Vai abrir mão da vantagem?

Sem chance!

No mundo civil, chamamos isso de "iniciativa". Nos esportes, chamamos de "vontade de vencer". E, tomando emprestada do mundo brutal da guerra, temos a expressão "*instinto assassino*".

É impossível ter um instinto assassino sem coragem. Uma coisa pressupõe a outra. Ninguém realiza grandes atos — na guerra, nos negócios, nos esportes ou na vida — sem esses atributos.

Os espartanos nunca perguntavam quantos inimigos enfrentariam, somente *onde eles estavam*. Porque atacariam de qualquer jeito. Estavam lá para vencer.

Na mesma campanha em que Grant decidira assumir a grande missão de capturar a cidade de Petersburg — uma missão que todos tinham medo demais para assumir —, ele foi frustrado repetidas vezes por seus subordinados, homens que tinham sido maltratados por Lee e pelos Confederados durante anos, enquanto Grant vencia batalhas no Oeste. Estavam o tempo todo evitando se arriscar, relutantes em avançar, em assumir a ofensiva, contando a Grant como era quando Lee realmente entrava em ação.

Grant, que aprendera alguma coisa nas planícies do Texas sobre medos fantasmagóricos e superestimar o inimigo, finalmente não aguentou mais. "Chega, estou profundamente cansado de ouvir sobre o que Lee vai fazer", disse a um general que o procurara com mais previsões catastróficas. "Alguns de vocês parecem pensar que ele vai dar uma pirueta dupla de repente e aterrissar atrás de nós e de ambos os lados ao mesmo tempo. Volte para seu comando e tente pensar no que nós faremos, em vez de no que Lee vai fazer."

Daí, sua ordem: "Para onde quer que Lee vá, vocês também irão." E assim avançariam. Nunca mais voltariam à defensiva.

Como resultado, quase um ano depois, Lee iria se render... *a* Grant.

O momento decisivo da Guerra de Secessão foi quando o Norte assumiu a ofensiva. Grant decidiu parar de ser atacado e começar a atacar. Quando Lee manteve a iniciativa, o Sul estava forte. No momento em que a perdeu, tornou-se apenas uma questão de tempo até que fosse vencido.

O mesmo acontece com a maioria dos adversários opressores. Eles nos derrotarão somente enquanto deixarmos que façam isso. Quando nos erguermos para lutar, quando começarmos a escolher o campo de batalha e nos concentrarmos nos pontos fracos *deles*, então, pelo menos, teremos uma chance.

Seja lá o que você esteja almejando, precisa investir com agressividade. Quando agimos em função do medo, quando ele está em nosso encalço, não temos chance. É simplesmente impossível liderar assim. Para ter sucesso, é necessário tomar a ofensiva. Mesmo ao agir com cautela, deve haver um avanço constante, um movimento insistente sempre em direção à vitória. Você precisa tomar o controle do ritmo. Precisa *definir* o ritmo — na batalha, na sala de reuniões, em questões grandes e pequenas. Você quer que os outros tenham medo do que você vai fazer, e não o contrário.

MANTENHA-SE FIRME

Em uma segunda-feira de manhã, o jovem Frederick Douglass decidiu que não aguentava mais. Um torturador de escravizados especialmente abusivo chamado Edward Covey foi puni-lo, mas Douglass o agarrou pela garganta. A resistência atordoou o capataz, que nunca havia passado por aquela situação. Todos os escravizados sabiam que colocar as mãos em um homem branco significava a morte — ainda assim, Douglass, com apenas dezessete anos, estava espancando um.

Covey gritou por socorro, mas os reforços foram rapidamente detidos quando Douglass chutou o feitor com força no peito. Douglass e Covey passaram duas horas — duas horas! — lutando no pátio. Douglass, brigando ferozmente pela própria vida e pela própria dignidade como ser humano, e Covey, surpreso, humilhado e desacostumado a se defender. No fim, derrotado, exausto e com medo, soltou Douglass, dizendo a si mesmo que ensinara uma lição ao outro.

"Chega uma hora em que as pessoas ficam cansadas de ser pisoteadas pelos pés de ferro da opressão", disse Martin Luther King Jr. tempos depois. Naquela manhã, em Maryland, Douglass decidiu que estava cansado. E isso mudou tudo.

"Nunca havia me sentido daquele jeito", escreveu. "Foi uma ressurreição gloriosa, da sepultura da escravidão para o paraíso da liberdade. Meu espírito, esmagado durante tanto tempo, se manifestou, a covardia desapareceu e, em seu lugar, surgiu uma rebeldia ousada; naquele momento, decidi que, não importava por quanto tempo eu continuaria sendo escravizado em termos formais, eu jamais voltaria a ser escravizado de verdade."

Para entender de onde veio aquele chamado poderoso, devemos voltar para quando Douglass tinha oito anos e assistira a uma mulher escravizada chamada Nelly ser brutalmente chicoteada. O capataz, um homem cruel, mas confiante, acabou tendo muito mais trabalho do que esperava com Nelly. Mãe de cinco filhos, ela lutou com unhas e dentes, dificultando até mesmo que a segurassem. Gritava e berrava. Arranhava a terra, agarrando tudo o que conseguia encontrar enquanto ele a arrastava para o tronco. Um dos filhos dela até mordeu o capataz na perna. "Ela parecia determinada a fazer com que o homem tivesse o máximo de trabalho possível para açoitá-la", observou Douglass.

Quando o capataz finalmente aplicou a punição, seu rosto ensanguentado confirmava o sucesso de Nelly. Mesmo enquanto ele a chicoteava, ela não se deixou dominar. Nelly o xingou, denunciando a escravidão e seus malfeitores. A pele dela foi rasgada, mas o espírito permaneceu intacto.

A cena ficou gravada na memória do garoto e plantou em Frederick Douglass uma semente de coragem que floresceu, de modo repentino e violento, naquele dia, diante do próprio senhor, e rendeu frutos heroicos ao longo de cerca de 57 anos de defesa pública da justiça.

Como seria possível intimidar Douglass de novo? Como as probabilidades poderiam detê-lo? Quais ameaças seus inimigos poderiam fazer? Ele encarou a morte certa, obrigou a opressão avassaladora a recuar, mesmo sendo um escravizado sem nenhum poder. Depois de sentir o gosto da coragem — e da liberdade — e se defender, o gosto do medo é muito mais difícil de tolerar. Isso vale tanto para o jovem casal negro que decide se sentar em uma lanchonete só para brancos em 1956 quanto para o garoto dócil que enfrenta o valentão da turma.

"A velha doutrina de que submissão é a melhor cura para afrontas e atrocidades não é tolerada em plantações de trabalho de escravizados", escreveu Douglass. "Aquele que é açoitado com mais frequência é açoitado com mais facilidade, e o escravizado que tem coragem de se defender do capataz, embora possa ter levado muitas chicotadas fortes no começo, acaba se tornando um homem livre, ainda que permaneça na posição formal de escravizado."

Você pode me matar, mas não vai me chicotear tornou-se o lema de Douglass. De fato, ele não voltaria a ser chicoteado, tornando-se, como disse, parcialmente livre assim que se afirmou. Em pouco tempo, reclamou o restante de seus direitos enfrentando os captores quando fugiu para a liberdade.

Usando outra frase de Martin Luther King Jr., quando erguemos nossa cabeça, podemos ser espancados... mas não dominados. Para Douglass, isso significava lutar, literalmente. King e seus companheiros ativistas em defesa dos direitos civis resistiam de uma maneira diferente, investindo repetidas vezes contra os cães, as mangueiras e espingardas de seus opressores até que as cadeias ficassem lotadas e o sistema entrasse em colapso.

Não podemos tolerar abusos, coerções e injustiças. Não podemos nos esconder de nossos problemas. Só podemos enfrentá-los. Submissão não é uma cura. Tampouco podemos esperar que afrontas sumam sozinhas, como em um passe de mágica. Em algum momento, devemos estabelecer um limite — se não agora, então muito em breve. Devemos exigir nossa soberania. Insistir para obtê-la.

Cada um de nós tem mais poder do que imagina.

Ao exigirmos nossos direitos — lutando contra a opressão, abusos e maus-tratos — não estamos apenas sendo corajosos; estamos, como Douglass, ajudando todos aqueles que virão depois de nós.

A CORAGEM É CONTAGIOSA

~

Quando outra pólis procurou Esparta em busca de ajuda militar, os espartanos se recusaram a enviar seu exército. Enviaram apenas *um* comandante espartano. Foi o bastante. Porque a coragem, assim como o medo, é contagiosa. Uma pessoa que saiba o que está fazendo, que não tenha medo, que tenha um plano, é o bastante para animar um exército diante de um inimigo em maior número, para reerguer um sistema falido, para apaziguar o caos onde ele se enraizou. Portanto, um único espartano era tudo o que seus aliados precisavam.

Dizem que, no começo do século XX, o Texas Ranger Bill McDonald foi convocado pelas autoridades para pôr fim a uma luta ilegal em Dallas. Quando chegou, o prefeito ficou perplexo. "Só mandaram um policial?!", perguntou ele. "Você só tem um tumulto, não é?", respondeu McDonald.

Trata-se da expressão sobre a qual falamos antes tomando vida: *um homem corajoso vale por uma multidão*.

Você não precisa ser um general espartano nem um Texas Ranger para *fazer* a diferença. S. L. A. Marshall, historiador de combates e oficial do Exército dos Estados Unidos, diria que "por mais que sua patente seja baixa, qualquer homem que controla a si mesmo contribui para o controle dos outros... O medo é contagioso, mas a coragem também é".

Você não precisa ser o sujeito mais inteligente do regimento. Nem o maior. Nem o que tem a melhor pontaria. Não precisa ter todas as respostas. Só precisa se manter sob controle. Precisa fazer seu trabalho, deixar seu treinamento o guiar. Você faz o que é certo. O que está diante de você, corajosa, tranquila e objetivamente.

Seja lá quem você seja. Seja lá o que você faça.

O cidadão que não é distraído por propagandas manipuladoras ajuda a responsabilizar o governo, a pessoa que não saca todo o dinheiro do banco quando o mercado sofre uma queda ajuda a manter a economia girando, os pais que adotam uma atitude de coragem ajudam o filho a lutar contra o câncer. Assim como o soldado comum ajuda os companheiros e enfraquece o inimigo ao colocar o capacete, cerrar os dentes trêmulos e se recusar a sair em retirada. Como disse Marshall, "a coragem de um único homem reflete, em algum grau, a coragem de todos a seu redor".

Você faz diferença quando é corajoso. Porque, no processo, você torna os outros corajosos.

Como um vírus, a tranquilidade se transmite pelo contato. Ela se espalha pelo ar. Nós a *exalamos*, inspirando os outros, contagiando-os enquanto eles, por sua vez, contagiam outras pessoas — não com um agente degradante e prejudicial, mas com força e determinação.

Quando tudo está tomado pelo medo, uma fagulha pode provocar uma explosão de pânico. Pode assegurar a desmoralização e, depois, a derrota. Com a mesma facilidade, porém, uma pessoa pode aterrar essa corrente elétrica perigosa. E começar uma reviravolta.

Portanto, a pergunta é: você é essa pessoa? Você é parte do problema ou da solução? Você é a pessoa que chamam para ajudar? Ou é a pessoa que precisa ser ajudada?

VOCÊ PRECISA ASSUMIR A RESPONSABILIDADE

É estranha a frequência com que acontece. Uma pessoa extraordinariamente corajosa acaba revelando ter medo da coisa mais comum do mundo: a responsabilidade.

Lorde Lucan ordenou a carga da Brigada Ligeira. Lorde Cardigan a comandou. Juntos, enviaram cerca de seiscentos membros da cavalaria inglesa para enfrentar os russos em um dos ataques mais corajosos, porém sem sentido, da história militar.

E estas são suas declarações:

"Homens, é uma loucura, mas não é culpa minha."

"Não pretendo assumir a menor responsabilidade. Dei a ordem para atacar sob o que considero uma situação extrema e não assumirei uma única partícula da culpa."

Eles conseguiram enfrentar os tiros impiedosos do inimigo e marchar, resolutos, enfrentando rajadas de fogo. Mas e as críticas? E a culpa? Disso, como todos os líderes fracos, eles fugiram. Nem sequer tiveram coragem suficiente para questionar as ordens obviamente insanas que tinham resultado na tragédia, apenas as transmitiram para seus homens, preferindo a morte quase certa a decidir sobre quem recairia a responsabilidade.

Esta é a regra: você decidiu *agir*.

Agora, precisa assumir a responsabilidade pelo que acontecer. Sem desculpas.
Sem exceções.

Tudo o que pedimos é que assuma as próprias responsabilidades. Que se responsabilize pelas próprias ações. Principalmente se você for um líder.

A responsabilidade recai sobre você. Sempre.

"Não é minha culpa", "não é problema meu", "não me culpe" são frases que não podem existir em seu vocabulário.

Não se você quer ser grande. A menos que seja um covarde.

Joan Didion observou que "a disposição para aceitar responsabilidade pela própria vida é a fonte da qual emana todo o respeito próprio".

Os benefícios da liderança têm um custo. O fardo da coragem é pesado. Você sofrerá *pressão*.

Isso incomoda você? Então, talvez seja melhor não fazer nada, não dizer nada, não ser nada.

Contudo, sempre parecemos achar que podemos livrar nossa cara, que podemos nos esquivar.

Um detalhe engraçado da história da Brigada Ligeira: Alfred, Lord Tennyson, na época o poeta laureado do império, escreveu um poema perturbador e inspirador sobre o trágico heroísmo dos soldados comuns naquele ataque:

À direita, canhão,
À esquerda, canhão,
À frente, canhão
Atiravam e ribombavam;
Sendo fulminados por tiros e granadas,
Sem medo, audazmente avançavam
Para as garras da Morte,
Para a boca do Inferno
Cavalgavam seiscentos soldados.

E sabe como ele o publicou? Sob um pseudônimo, porque *estava preocupado que o poema pudesse não refletir "decorosamente" em alguém de sua posição.*

Já dissemos que a coragem é contagiosa, mas você precisa estar disposto a contraí-la. Tennyson mergulhou no heroísmo daqueles soldados... mas preferiu seguir o exemplo de seus oficiais covardes.

Se você vai se manifestar, deixe sua assinatura. Deixe sua assinatura em tudo o que faz. Essa é a coisa corajosa — e básica — a se fazer.

Se você quebrar, conserte. Se agir, assuma o movimento. Se disser, seja fiel à sua palavra. Se der a ordem, aceite a responsabilidade.

Essa é a fonte da qual todo o respeito próprio emana e da qual líderes são feitos.

VOCÊ SEMPRE PODE RESISTIR

O comandante Jeremiah Denton foi escolhido para fazer um pronunciamento ao vivo.

Já haviam se passado dez meses no campo de prisioneiros norte-vietnamita. Já haviam se passado inúmeros dias de interrogatórios cruéis.

Sentado diante das câmeras, exausto, faminto e com dor, prevendo os espancamentos com os quais o tinham ameaçado, considerou suas opções. Poderia ficar quieto. Poderia tentar responder às perguntas da maneira mais vaga possível. Poderia encontrar uma maneira de transmitir alguma mensagem de amor à família, à esposa e aos sete filhos de quem sentia tanta saudade. Poderia dizer tudo que seus captores queriam que dissesse e obter um bom indulto, talvez até mesmo tratamento especial pelo resto de seu tempo na famosa prisão Hanoi Hilton.

Em vez disso, escolheu realizar um gesto inacreditável de rebeldia: respondendo às perguntas perfunctórias dos interrogadores, Denton começou a piscar, devagar, como se estivesse cegado pelas luzes da câmera.

Uma piscada longa.

Três longas.

Uma curta, uma longa, uma curta.

Uma longa.

Duas curtas, uma longa.

Uma curta, uma longa e uma curta.

Uma curta.

Até que tivesse soletrado T-O-R-T-U-R-A em código Morse para que todo o mundo visse.

Seus captores achavam que o tinham derrotado. Fora ele, entretanto, que os derrotara, usando as ações daqueles que lhe perpetravam abusos contra eles próprios, humilhando-os em rede internacional.

Já dissemos que um estoico é alguém que diz *"foda-se"* para o destino. E é isso mesmo.

Eles *resistem*. Lutam.

Não aceitam ser obrigados a fazer a coisa errada. Especialmente sob pressão.

O advogado corporativo que, após você pedir demissão com repulsa, lembra o acordo de sigilo que você assinou. O concorrente que ameaça arrasar seu pequeno negócio se você não aceitar a oferta dele. O chantagista pedindo dinheiro para desaparecer. O político que quer que você ceda. O policial que exige que você recue.

Pode ser algo explícito ou sutil. Em uma situação importante ou sem importância, para a qual ninguém dá a mínima, exceto você. Mesmo assim, a mensagem é a mesma: *ou então...*

Precisamos nos lembrar da história da guarnição espartana sitiada pelo rei Filipe, o pai brutal de Alexandre, o Grande. Se eu passar por essas muralhas, disse Filipe a eles, a coisa ficará feia. Se eu for vitorioso, matarei cada um de vocês.

Os espartanos responderam com uma palavra e tanto: *se*.

Ou seja, não vamos ceder tão fácil. Ou seja, você precisará fazer valer essas palavras. *Você precisará me derrotar primeiro. Você pode me matar, mas não vai me chicotear.*

Rebeldia bruta. É uma característica subestimada, que tem muito poder. E se Frederick Douglass e Nelly conseguiram colocá-la em prática, mesmo sob a opressão da escravidão, por que você não conseguiria?

Já falamos sobre como John Adams queria colocar Hércules na encruzilhada no brasão dos Estados Unidos. Em um estado de espírito parecido, Ben Franklin propôs um lema para a nova república: "Rebelião Contra os Tiranos é Obediência a Deus."

Não somente contra os tiranos, mas também contra os valentões, os mentirosos, os abusadores, os babacas, as fraudes, os demagogos, os trapaceiros e os maus atores.

A coragem diz "nem morto". A coragem diz "não se eu puder evitar". A coragem diz "estou fazendo as coisas do meu jeito, de acordo com as minhas regras, não importa o que você diga". Eles podem machucar você. Podem gritar com você. Podem fazer coisas horríveis.

Mas você não é impotente. Na verdade, tem mais poder do que imagina. "Sou pobre demais para me render", disse De Gaulle aos seus aliados ingleses. Não seria submisso. Não seria delicado — com ninguém, inimigos ou amigos. Era um guerreiro e faria o que tinha que fazer.

Você tem o poder de agir. É forte. Pode fazê-los se arrepender de terem se metido em seu caminho.

Nunca aceite a conclusão óbvia. Só um perdedor para de lutar contra o adversário antes de a luta terminar. Lute por cada segundo. Lute por *você*.

Ninguém pode obrigar uma pessoa a fazer algo errado. A escolha é nossa. É somente uma questão de até que ponto estamos dispostos a ir.

"Se conseguirem obrigar você", coloca Sêneca as palavras na boca de Hércules em uma de suas peças, "é porque você se esqueceu de como morrer."

Lembre-se disso.

A SORTE FAVORECE OS OUSADOS

Este é um dos provérbios mais antigos e universais da Antiguidade: *Audaces fortuna juvat*, da *Eneida*; *Fortis fortuna adiuvat*, em uma das peças de Terêncio; τοῖς τολμῶσιν ἡ τύχη ξύμφορος, em Tucídides; e para Plínio, o almirante e escritor romano, *Fortes fortuna juvat*. A sorte favorece os ousados. A sorte favorece os corajosos. Favorece os grandes planos. Favorece quem arrisca. A decisão para liderar o ataque. A decisão de não se submeter. A decisão de experimentar. A decisão de aceitar o desafio louco. A decisão de pedir alguém em casamento, de fazer aquela viagem, de erguer a mão, de chutar a gol porque, sob o risco de perder o jogo, você não está mais preocupado com interceptações do time adversário. Embora as probabilidades estejam com frequência contra essas escolhas, o ímpeto da história está secretamente com você. A multidão a seu lado, pronta para aplaudir quando você vencer. Quanto mais você se expõe, mais sorte parece vir ao seu encontro.

Dizem que o arquiteto Daniel Burnham aconselhou seus alunos a *não fazerem planos pequenos*. Estava lhes dizendo que pensassem grande. Para atacar grandes problemas. Para não ficarem presos ao básico da vida, e sim tentarem *avançar*. Para fazerem algo tão novo e diferente que causasse medo.

Todos os grandes comandantes e empreendedores da história foram bem-sucedidos por causa dos riscos que correram. Porque, embora estivessem assustados, não tiveram medo. Porque *ousaram muito*. Entraram na arena. Jogaram os dados. Tiveram *coragem*.

E, na maioria das vezes, tiveram sorte. Se não tivessem tido, não estaríamos falando sobre eles.

"Pela minha experiência, decisões ousadas proporcionam a melhor chance de sucesso", escreveu o general Erwin Rommel em uma de suas cartas. "Mas deve-se diferenciar ousadia estratégica e tática de uma aposta militar. Em uma operação ousada, o sucesso não é garantido, mas, caso fracasse, você permanece forte o suficiente para lidar com qualquer situação que surja. Em uma aposta militar, por sua vez, a operação pode levar à vitória ou à destruição completa de suas forças. Há situações em que até mesmo uma aposta pode ser justificada, por exemplo, quando no curso vigente dos acontecimentos, a derrota é apenas uma questão de tempo e adiar a derrota é, portanto, sem sentido, e a única chance está em uma operação muito arriscada."

Foi a ousadia tática e estratégica de Rommel no campo de batalha que o transformou em um adversário tão ardiloso no norte da África, no começo da Segunda Guerra Mundial. Ainda assim, não podemos deixar de condenar sua falta de ousadia contra Hitler antes de a guerra explodir. Na verdade, quase nenhum dos generais alemães teve coragem suficiente, mesmo aqueles que achavam Hitler louco e repugnante, o que não os impeliu a quebrar o protocolo militar e desafiá-lo enquanto ele deixava o país rendido. Aqueles eram alguns dos homens mais corajosos do mundo, homens que tinham enfrentado tiros e desafiado a morte muitas vezes, mas que, em conferências, se afligiam, temerosos, e esperavam que *outra* pessoa tomasse uma atitude. Aguardando, torcendo e se acovardando, foram cúmplices de crimes hediondos. Jamais entenderemos por completo sua luta, mas a inércia selou seu destino.

No fim, tudo que restava a Rommel depois de ter deixado passar o momento em que um pouco de ousadia teria dado resultado, era uma aposta. Contudo, em 1944, a aposta era mais justificada. A derrota era apenas uma questão de tempo; portanto, por que não tentar? Então, ele tentou. A sorte não favoreceu muito os conspiradores que se empenharam em derrubar e matar Hitler no plano de 20 de julho, mas, pelo menos, a história respeita a tentativa.

Um pouco de ousadia agora vale muito mais do que a coragem de até mesmo desafiar a morte depois. A primeira precisa de muito menos sorte para se ter sucesso do que a segunda.

Jeff Bezos, fundador da Amazon, falou sobre como não "aposta as apostas da empresa". Porque ele não precisa — é a complacência que coloca você em uma posição na qual precisa fazer isso. É a empresa que, depois de anos ignorando as tendências, finalmente precisa mudar ou então morrerá. É quando está corrigindo os primeiros erros que você precisa apostar tudo. Bezos afirma que é melhor fazer boas apostas consistentemente, todos os dias. Agir de modo calculado, e não imprudente. De forma gradual, em vez de correr um enorme risco.

Faça o difícil agora.

Seja firme e corajoso hoje, em tudo o que importa.

Você precisará confiar que não é tão arriscado quanto pensa. Que não está tão sozinho quanto pensa.

Não há nada à espreita, mesmo que você desconfie. A sorte está aqui. O destino está sorrindo para você. No entanto, ele se cansa rápido. Ele se ressentirá se você o fizer esperar.

É melhor arriscar agora do que apostar depois.

De todo modo, avance com ousadia.

A CORAGEM DE SE COMPROMETER

"A história de Theodore Roosevelt", escreveu o biógrafo Hermann Hagedorn, "é a história de um garotinho que leu sobre grandes homens e decidiu que queria ser como eles." Dá para detectar um leve toque de desdém, não dá? Roosevelt realmente *acreditava*. Em si mesmo. Em histórias. Em algo maior do que ele. Ainda hoje, muitas pessoas acham isso absurdo, até mesmo perigoso. O alerta consta até mesmo na Bíblia. *Quando me tornei homem, deixei para trás as coisas de menino.*

De Gaulle foi alvo de zombarias parecidas. Acreditava honesta e sinceramente na *grandiosidade* da França. Achava que o destino existia. "A França é um grande poder", dizia repetidamente. Uma alegação absurda quando o país jazia prostrado, à mercê dos Aliados por um lado e em colaboração passiva com os nazistas do outro.

Você lê algumas de suas falas e acha graça. Nosso lado cínico é profundo. Queremos que as pessoas cresçam. Que encarem a realidade. Que superem os contos de fadas.

Mas sem essa crença, sem a coragem de seguir em frente apesar da condescendência, das críticas, da futilidade, onde estaríamos? Com certeza, se De Gaulle tivesse se importado menos com a França, teria arriscado menos para salvá-la. Foi a fé sincera no destino — uma fé quase constrangedora — que o impeliu a escrever a história. Com a sua força de vontade, ele fez o papel de um grande homem e reformou uma grande nação no processo. Para Roosevelt, se importar era uma fonte de coragem. Foi o que o motivou a convidar Booker T. Washington à Casa Branca, apesar da hesitação. Foi esse o motivo por que ele subiu montanhas para atacar e enfrentar o inimigo, por que se recusou a ceder sob a pressão de interesses corporativos e por que resistiu à superioridade arrogante e à indiferença de sua classe social.

Como disse o general Mattis, cinismo é covardia. É preciso coragem para se importar. Só os corajosos acreditam, especialmente quando todas as outras pessoas estão cheias de dúvidas.

Vão rir de você. Perdedores sempre se reuniram em grupinhos para falar sobre vencedores. Os desesperados sempre zombaram dos esperançosos. Os temerosos fazem o máximo para convencer os corajosos de que não faz sentido tentar. Desde os tempos dos sofistas, os acadêmicos, seja qual fosse o motivo mesquinho, usaram sua inteligência considerável para turvar as águas em vez de clareá-las.

Essa é a neblina que os corajosos precisam atravessar. A estrada cheia de pedregulhos pela qual avançamos não é ladeada por pessoas que torcem por nós, mas, sim, por gente que quer nos desviar do caminho e nos convencer a desistir. É muito mais provável que alguém tente convencer você de que *algo não importa*, de que *sua ação não fará diferença*, do que você ser ameaçado ou intimado a tentar. É preciso força para permanecer fiel aos seus ideais, para continuar a se importar, para ser explícito e sincero sobre o que amigos educados parecem considerar grosseiro.

É por isso que nem sequer gostamos de falar sobre coragem, muito menos sobre virtude. É antiquado. É constrangedor. É tão legal quanto um cartaz motivacional pendurado acima de sua cama. É melhor agir como se você fosse melhor do que isso, para que não seja julgado por não ter conseguido.

Mas será que alguém já realizou alguma conquista em uma área com a qual não se importava? Será que alguém já fez a coisa certa por ironia? Ninguém se tornou grande sem acreditar que valesse a pena fazer determinada coisa. Ninguém é corajoso sem primeiro enfrentar e triunfar sobre o cinismo e a indiferença.

"Não tema a grandeza", disse Shakespeare. Permita que ela se infiltre em seu sangue e em seu espírito. Lute por ela.

Quem se importa se eles não entendem? Aqueles que riem de seu avanço são aqueles que nem sequer conseguem imaginar dar o primeiro passo em um terreno incerto. Você provará que estão errados. E mesmo que não prove, pelo menos foi corajoso o bastante para tentar.

Niilismo é para perdedores.

AME O PRÓXIMO

~

Esta história representa a base da indiferença e da insensibilidade. Uma prova de que há algo profundamente errado com o mundo moderno.

Em março de 1964, às três da manhã, uma jovem chamada Kitty Genovese foi brutalmente estuprada e esfaqueada na frente do prédio onde morava. Seus gritos por socorro foram ignorados. À medida que os sons de seu assassinato reverberavam pela vizinhança, mais de trinta pessoas aumentaram o volume de seus televisores, se viraram na cama ou fingiram que nada estava acontecendo.

Por quê? Medo. Egoísmo. Alienação. Talvez tenham pensado que alguma outra pessoa tomaria uma atitude. Talvez não acreditassem que *pudessem* tomar uma atitude. A covardia e a indiferença da comunidade deram tanto respaldo aos atos do estuprador e assassino em série que ele voltou para roubar cinquenta dólares da bolsa da vítima.

O que teríamos feito se estivéssemos em um dos apartamentos próximos do local do crime naquela noite? Será que um ano com 636 assassinatos e nossa vida atribulada teriam nos dessensibilizado aos gritos de uma mulher morrendo?

Embora essa história tenha passado a representar todos os males do mundo moderno, na verdade, um dos vizinhos de Kitty não estava tão alienado quanto os outros. Até mesmo mais de um. Um vizinho, ouvindo os sons, telefonou para Sophia Farrar, que morava no prédio, para dizer que achava que Kitty estava em perigo.

Sem pensar na própria segurança, Sophia, na casa dos trinta anos e com um bebê no apartamento, vestiu-se rapidamente e correu em direção aos gritos. Encontrou Kitty encostada na porta do prédio, mantendo-a fechada com o peso do corpo. Abrindo a porta com cuidado, Sophia encontrou a mulher quase morta, encharcada com o próprio sangue e esfaqueada no peito e nos pulmões. Sussurrando com delicadeza, Sophia tentou desesperadamente salvar a vida de Kitty e gritou até que alguém chamasse os paramédicos. Encorajou a vizinha a esperar, dizendo que a ajuda estava a caminho. Disse à mulher à beira da morte que ela era amada, que estava *lá* com ela.

Era tarde demais. Kitty morreu devido à hemorragia na ambulância, a caminho do hospital.

"Só espero que ela soubesse que era eu, que ela não estava sozinha", disse Sophia.

Sim, a história de Kitty Genovese é uma história de covardia e indiferença, mas também de uma amiga tomando outra nos braços em seus últimos momentos, do conforto e da bondade que ainda são possíveis em um mundo em que pessoas demais desistiram.

Que tipo de amigo e de vizinho você é?

Kitty Genovese era uma mulher lésbica e começava a viver abertamente com a namorada — o que não era um posicionamento qualquer em 1964. Mas ela e Sophia eram amigas, que faziam mais do que se cumprimentar no corredor. Às vezes, Kitty levava o filho de Sophia de carro para a escola. Sophia cuidava do poodle do casal quando elas viajavam. Estavam disponíveis uma para a outra, como vizinhos devem estar. Ajudavam-se mutuamente, como vizinhos devem fazer. E naquele momento importante, quando uma tragédia aconteceu com Kitty, Sophia apareceu.

"As pessoas glorificam todo tipo de coragem, exceto a coragem que podem demonstrar em prol dos vizinhos mais próximos", observou George Elliot em *Middlemarch: Um estudo da vida provinciana*. Sophia Farrar não é o tipo de pessoa em que nos concentramos. Não foi mencionada no famoso artigo do *The New York Times* que chamou a atenção de milhões de pessoas para o caso. Nunca deu entrevistas, nunca recebeu atenção, nunca sequer se defendeu contra a insinuação de que estava entre os vizinhos indiferentes e covardes.

No entanto, o fato de nunca ter recebido crédito e de não ter conseguido salvar Kitty não diminuíram sua coragem. O que importa é que Sophia tentou. Correu para a cena do crime — sem nem pensar na própria segurança. Gritou por ajuda. Ofereceu conforto. Ela *se importou*. É o que os heróis fazem. Não teremos sucesso sempre, mas precisamos tentar. Não podemos endurecer nosso coração nem aumentar o volume da televisão. Não precisamos esperar por algum momento gigantesco. O que importa é o que façamos todos os dias — por nós mesmos e pelas outras pessoas.

"Tenho orgulho de ter decidido logo no começo", declarou Varlam Chalámov sobre a provação que vivenciou no *gulag*, "que eu nunca seria um capataz se minha liberdade pudesse resultar na morte de outro homem, se minha liberdade servisse para que chefes oprimissem outras pessoas, prisioneiros como eu. Tanto minha força física quanto minha força espiritual acabaram se revelando maiores do que eu imaginava naquela grande provação e tenho orgulho de nunca ter vendido ninguém, de nunca ter enviado ninguém para a morte nem para outra sentença, e de nunca ter denunciado ninguém."

A liberdade do mundo moderno e a liberdade do sucesso não significam que temos a liberdade para não nos importar. Não são uma permissão para ser indiferente. Sim, você tem muitas coisas com as quais precisa lidar. Sim, grande parte do mal que existe no mundo não é culpa sua. Ainda assim, você não pode tapar os ouvidos para os gritos de alguém inocente por perto.

A vizinha de Anne Frank, Miep Gies, mais ou menos da mesma idade de Sophia, arriscara-se durante meses para proteger e fornecer suprimentos para a família judia escondida no sótão. Hoje, também sabemos como essa história terminou — um vizinho os traiu —, mas precisamos nos concentrar nas pessoas que se esforçaram com valentia para evitar que isso ocorresse. Como Gies explica, precisamos ter coragem para ajudar, mesmo que se trate de uma batalha sem esperanças de vitória. "Qualquer tentativa de ação é melhor do que a inação", refletiu ela anos depois. "Uma tentativa pode dar errado, mas a inação, inevitavelmente, resulta em fracasso." Devemos *tentar*. Porque, se não fizermos isso, quem o fará?

Não podemos simplesmente nos queixar da escuridão em que o mundo em que vivemos está mergulhado. Precisamos procurar a luz. Precisamos *ser* a luz.

Para os nossos vizinhos mais próximos. Uns para os outros.

SER OUSADO NÃO É SER IMPRUDENTE

Um homem corajoso vale por uma multidão. Isso é inspirador. Também é perigoso. E se o homem estiver errado? Ou se for um egomaníaco? E se a causa for injusta? É assim que déspotas surgem e regimes assassinos são construídos. É assim que seitas religiosas se tornam cultos apocalípticos.

Um homem pode, com muita facilidade, levar a si mesmo — e uma multidão — a saltar de um penhasco.

Portanto, é importante que compreendamos que a coragem, como uma virtude, deve ser colocada na balança com outra virtude igualmente importante: a moderação. Na verdade, Aristóteles usava a coragem para ilustrar o conceito de moderação. Coragem, dizia, era o meio-termo entre dois vícios — a covardia, o vício mais conhecido, e a imprudência, igualmente perigosa.

Em relação à carga da Brigada Ligeira, foi dito que Lorde Lucan, quem deu a ordem, era um idiota cauteloso ao extremo, enquanto Lorde Cardigan, que liderou a carga suicida sem questioná-la, era um idiota imprudente.* Ambas as características são ruins, mas tendemos a repreender a primeira mais do que a segunda.

É um erro. O medo, pelo menos, pode proteger uma pessoa. O destemor completo é uma receita para a ruína.

---

* Espera-se que soldados cumpram ordens; no entanto, hoje, também são incentivados — se duvidarem da segurança ou da moralidade de um comando — a questioná-las diante de seu superior e das hierarquias acima até que a coisa certa seja feita.

Marco Aurélio se empenhava em ser: "Nem imprudente, nem hesitante — tampouco confuso ou perdido... não obsequioso — tampouco agressivo ou paranoico." O líder, assim como o adolescente que sai por aí arrumando briga, acabará sendo superado e perderá, provavelmente, mais do que somente o orgulho. Pior ainda, quem sabe quem mais pode ser arrastado e pagar por sua arrogância?

Existe uma história sobre um soldado espartano reconhecido pela bravura quase sobre-humana em uma guerra contra Tebas. Contudo, depois da luta, os governantes da pólis chamaram sua atenção por lutar sem armadura, uma vez que o homem estava colocando desnecessariamente em risco um bem espartano: ele próprio.

Coragem não tem a ver com quem é mais bem-dotado. Ou de bravatas. Coragem não significa não usar um capacete quando se está andando de moto porque você se considera invencível. Coragem tem a ver com correr riscos, mas somente riscos necessários. Somente riscos ponderados com cuidado.

É por isso que as pessoas corajosas de verdade costumam ser bastante quietas. Não têm tempo nem interesse em se vangloriar. Além disso, sabem que se vangloriar as torna um alvo, e qual o benefício disso? Não significa que sejam tímidas nem modestas. Mais uma vez, como Aristóteles destaca, *objetividade* é o meio-termo entre o exagero e a depreciação. Quando você sabe, *você sabe*.

Quando encontra a coragem verdadeira, você sente sua intensidade antes de vê-la. Ela não se manifestará em uma caricatura do caçador de emoções ou do aventureiro. Como já foi dito, os corajosos não andam por aí dispostos a entrar em qualquer briga. Não são burros e, portanto, não buscam conflitos sem sentido. Mesmo com toda a ousadia que possuem, permanecerão contidos a menos que você, por acaso, depare com eles em algum daqueles raros momentos decisivos em que devem invocar a coragem. E, ainda assim, quando entram em ação, os corajosos são calmos, metódicos e comedidos.

Ao ver a coragem vindo à tona dessa maneira, ela se parecerá um pouco com a descrição de Magalhães feita por Stefan Zweig, o explorador cuja coragem era inquestionável:

Aqui, é necessário insistir mais uma vez que, em Magalhães, a audácia e a ousadia, invariavelmente, assumiam uma compleição peculiar. Agir de modo ousado, no caso dele, não significava ser levado por um impulso, mas elaborar seus planos astutamente, fazer algo perigoso com o máximo de cautela e depois de uma reflexão cuidadosa. Suas maquinações mais ousadas eram, como bom aço, forjadas no fogo e depois endurecidas no gelo.

Nosso modelo de coragem não é a pessoa esquentada, mas a que tem sangue-frio. Graça sob pressão também é expressa como *frieza sob pressão* por um motivo. Cautela e cuidado não são antônimos de coragem, mas complementos.

Assegure-se de combiná-los.

Com frequência, temos motivos para nos arrependermos de nossa impetuosidade.

Mas da coragem?

Nunca.

LIVRE-ARBÍTRIO É TOMADO, NÃO DADO

Em abril de 2011, quase quatro anos depois de ter sido atacado e de ouvir diversas pessoas dizendo *não há nada que você possa fazer a respeito*, Peter Thiel mudou de ideia. Ou melhor, abriram sua mente.

Em Berlim, em um jantar com um jovem conhecido somente como Sr. A., Thiel discutiu a angústia que a situação com o Gawker lhe causara. Reclamou da influência assustadora que o blog exercia sobre a cultura, a impunidade com que expunham a vida pessoal dos outros e o prazer cruel que obtinham disso. O sr. A., com muita coragem, sugeriu que Peter utilizasse seus recursos bilionários para fazer algo quanto ao assunto. *Não*, respondeu Peter, repetindo o que lhe tinham dito inúmeras vezes, *é simplesmente impossível*.

E então ele foi atingido pelas palavras que cada um de nós precisa ouvir: "Como seria o mundo se todos pensassem assim?"

Embora todos nasçamos dotados de livre-arbítrio, poucos de nós escolhem se apropriar dele. Aceitamos as limitações que as outras pessoas nos impõem, damos ouvidos ao que nos dizem que é viável ou não e, ao revermos as probabilidades, tornamos essas coisas uma verdade efetiva.

O que o medo faz é privar você do poder, ao fazê-lo acreditar que não tem nenhum. Se você não acredita que pode fazer algo, não apenas é improvável que possa, é garantido que *nem tentará*. Por isso precisamos que mais pessoas se livrem dessa mentalidade.

O momento crucial da vida de Florence Nightingale foi quando ela se deu conta de que jamais lhe dariam o que ela sabia que precisava. Descobriu, como escreveu em seu diário, que precisaria *tomar* à força. Precisaria exigir a vida que queria.

"Essa palavra não existe na língua francesa", respondeu Napoleão, certa vez, quando alguém lhe disse que era impossível resolver determinado problema. Depois, *fez* o que diziam ser impossível, por si mesmo, pela França.

"Tudo começa", escreveu Peter Thiel, "quando rejeitamos a tirania injusta da sorte." Ele sabia disso, só precisava acreditar.

Esqueça o fatalismo. Assuma o controle da sua vida, como fez Nightingale. Rejeite a visão pessimista de que estamos à mercê de forças além de nosso controle. Sim, você *pode* fazer algo. Você *precisa*.

Se ninguém acreditar na teoria do "grande homem da história", como a história será feita? Quem a fará? Com certeza, não será você. Com certeza, não serão os heróis de que precisamos.

Cada um de nós tem nas mãos o poder de pôr um fim à própria prisão. Cada um de nós tem os recursos para afirmar nosso livre-arbítrio. Tudo começa com uma escolha, mas é assegurado pela ação. Da Vinci observou que poucos dos homens que realizaram grandes feitos conseguiram realizá-los aceitando as coisas que lhes impunham. Não, disse, foram *eles* que se impuseram.

E então, o que você será? O objeto imóvel ou a força imbatível? O líder ou o seguidor? Aceitação passiva ou resistência ativa?

Você precisa acreditar que pode fazer diferença. Você precisa *tentar*. Porque isso também é uma verdade eficaz. Os insensatos mudam o mundo. Quem acredita que pode decidir o final da história tem, pelo menos, uma chance de fazer história.

Depois do encontro em Berlim, Thiel financiou e supervisionou uma conspiração que chocou o mundo. O Gawker foi destruído por um veredito de 140 milhões de dólares por sua conduta ofensiva em um processo que Thiel, aos poucos e de modo furtivo e constante, moveu contra o blog.*

---

* O meu livro *Conspiracy* narra uma versão mais completa dessa batalha contra o Gawker.

Você não precisa concordar com a reação de Thiel. É bastante razoável ficar assustado com os processos secretos que acabaram por levar a companhia de mídia à falência e, por pouco, com ele se tornando o proprietário do site. Na verdade, você *deve* questionar isso. Porque livre-arbítrio por si só não tem muita importância — o que importa são para quais fins afirmamos nós mesmos e nosso poder.

Mas é indiscutível que Thiel fez algo que poucos conseguiriam. Fez algo que ninguém achava que fosse possível. Encontrou livre-arbítrio onde outros não viam nada além de impossibilidade. Em vez de ser alguém com quem os fatos simplesmente aconteciam, ele criou os fatos. Fez o que *ele* queria, o que *ele* achava necessário, o que *ele* sentia que faria do mundo um lugar mais livre e mais seguro.

QUANDO A VIOLÊNCIA É A RESPOSTA

Pouco depois de seu depoimento contra policiais corruptos do Departamento de Polícia de Nova York, Frank Serpico foi realocado para o distrito norte de Manhattan. Quando chegou para o primeiro dia de trabalho, sentia que algo estava errado. Embora ninguém estivesse olhando para ele, toda a energia da sala apontava em sua direção. Não era muito diferente do que se observa na savana ou nos pátios das escolas desde os primórdios de ambos os locais. Um policial, sem dúvida escolhido para a tarefa, abordou Serpico rapidamente. A seu lado, puxou um canivete do bolso e o mostrou na mão aberta. "Sabemos como lidar com caras como você", disse enquanto a lâmina cintilava. "Eu deveria cortar sua língua."

O policial, porém, não entendia que Serpico, assim como Frederick Douglass, estava cansado. Não aguentava mais. Em um instante, Serpico agarrou o pulso do homem, torcendo-o até que ele desabasse no chão. Colocando o joelho em suas costas, Serpico o manteve ali e apontou sua semiautomática de nove milímetros contra o crânio do homem. "Um movimento em falso, seu filho da puta", disse Serpico, "e estouro seus miolos."

Esses momentos de intensidade feroz são legais ou impressionantes? Não, seria melhor que nunca precisassem ocorrer. Nenhum homem bom deveria precisar apontar uma arma para um mau, ninguém jamais deveria precisar se defender por fazer a coisa certa.

O mundo não se importa com o que "deveria" acontecer. Seria preferível que Serpico tivesse consentido com a corrupção a se defender? Será que ele deveria ter esperado ter sido morto em vez de reagir? Até mesmo Gandhi, um homem de delicadeza e comedimento inacreditáveis, sabia que havia uma linha que, às vezes, deve-

ria ser cruzada. "Onde só existe uma escolha entre covardia e violência", disse ele, "eu aconselharia a violência."
Eles queriam obrigar Serpico a não falar. Queriam que escolhesse entre sua vida e sua causa, mas ele virou o jogo.
Ninguém deve se meter em situações como essa de propósito, mas é melhor saber que podemos deparar com uma. E será aí que você compreenderá algo que professores de defesa pessoal costumam dizer: a violência raramente é a resposta — mas quando é, *é a única resposta*.
Um general espartano disse o mesmo a alguns camponeses tímidos. Ao observar um camundongo balançar pela cauda e morder o garoto que o havia capturado, o general disse: "Se uma criatura insignificante se defende dessa maneira contra seus agressores, o que vocês acham que os homens deveriam fazer?"
Como esse caso do camundongo pode provar, nenhuma espécie sobrevive por muito tempo sem vontade de se proteger. Sem coragem, sem o etos do guerreiro, ninguém — e nenhuma nação — sobrevive por muito tempo. Há vários pacifistas corajosos no mundo, mas até mesmo eles compreendem, em algum nível, que seu idealismo só é factível porque outros estão dispostos a ser pragmáticos em seu lugar.
Às vezes, a coragem física é necessária para proteger a coragem moral. Haverá momentos em que estaremos correndo riscos — ou em que alguém que amamos estará correndo riscos. Falar com calma não funcionará. Manter a compostura não nos protegerá. Serão necessárias intensidade, agressão e força. Nessas horas, não podemos nos esquivar. Não podemos nos encolher.
Não podemos ser oprimidos. Não podemos não fazer nada.
Nesses momentos, precisamos golpear de volta e com força.
Precisamos erguer os punhos. Precisamos resistir. Do contrário, acabaremos de joelhos.

LEVANTE-SE E VÁ EMBORA

Este é um breve resumo da jornada de Maria Giovanna, mãe de Frank Serpico, para os Estados Unidos: ela e o marido, na esperança de conquistar melhores oportunidades, planejaram emigrar da Itália. Ela foi escolhida para ir primeiro, então o fez, com apenas 27 anos, viajando de navio enquanto estava grávida de sete meses. Durante a travessia, entrou em trabalho de parto e deu à luz um bebê prematuro. Portanto, chegou em uma terra nova no auge do inverno, sofrendo uma hemorragia por causa do parto, sem saber uma única palavra em inglês. O parente que a deveria estar aguardando nunca apareceu. Em uma época em que não existiam cuidados neonatais, ela perderia seu precioso bebê e acabaria em um hospital público. Sozinha.

Uma semana depois, foi resgatada por familiares distantes, com quem morou no Brooklyn *por um ano*, trabalhando até a exaustão em uma fábrica para guardar seu sustento — tranquilamente, *estoicamente* — enquanto esperava o marido vir da Itália.

Quando o pai de Serpico finalmente chegou, o único trabalho que conseguiu foi de engraxate. Levaria quase uma década até que conseguisse abrir a própria loja, como sapateiro, seu sonho desde o começo. Mas, com o passar do tempo, criou três filhos, um dos quais viria a desafiar e a reformar o Departamento de Polícia de Nova York quase sozinho.

Deixar o próprio lar, deixar o que você conhece, arriscar tudo pela esperança — geralmente uma esperança desesperada, ingênua e projetada — de uma vida melhor? Atravessar oceanos e desertos, enfrentar tiros, preconceito, barreiras e incerteza? Tudo isso pode muito bem ser a coisa mais corajosa que um ser humano pode fazer.

É lindo e inspirador.

Goebbels se referiu aos refugiados e emigrantes da Europa como "cadáveres de licença". Somente corpos fugindo, problema de outra pessoa, prestes a acabar mortos em algum outro lugar. *Não estão enviando suas melhores pessoas.*

E a ousadia, a aposta, a pura tenacidade e determinação deles? Podem não ser os mais instruídos, os mais ricos, e alguns podem estar até fugindo de erros e fracassos, mas emigrantes exibem uma virtude que todos admiramos. Cansados? Submissos? Não, eles são guerreiros incansáveis. São os descendentes de pioneiros e exploradores. Onde estaríamos sem esse tipo de coragem?

Quem *não* desejaria essa característica imbuída em sua economia e em sua cultura? Quem negaria aprender algo a partir disso para aplicar na própria vida, mais confortável e mais segura?

É óbvio que a emigração não é a única maneira de se levantar e ir embora. Às vezes, é a coragem de se demitir de um emprego que se tornou um beco sem saída. Às vezes, é desistir de um projeto em que investimos toda nossa vida e nossas economias. Às vezes, é abandonar um partido político. Às vezes, é decidir se divorciar depois de muitos anos de um casamento infeliz.

Fizemos o máximo possível. Nós nos esforçamos. Lutamos, com coragem e intensidade. Não deu certo.

Algumas pessoas dão a desculpa de que as coisas estão ruins. Algumas pessoas usam sua situação como um motivo para se desesperar. Algumas pessoas pensam que a falta de oportunidade é um problema que se soluciona por conta própria. Algumas pessoas se levantam e tomam uma atitude.

Que tipo de pessoa você é?

Em seu diálogo com Laques, Sócrates pediu uma definição de coragem. A resposta que recebeu foi boa: "Coragem é uma espécie de resistência da alma." Sócrates não podia aceitá-la, é claro, porque insistir na coisa errada, permanecer e continuar em um empreendimento imprudente ou impossível dificilmente pode ser descrito como algo sábio.

Partir é assustador. O fim pode parecer um tipo de morte. Um lugar ou uma situação nova significa incerteza. É arriscado. É doloroso. Ninguém pode prometer que o próximo lugar ou a próxima tentativa serão melhores. Mas é certo que continuar a fazer a mesma coisa da mesma maneira no mesmo lugar repetidas vezes não é apenas insanidade, mas também, no fim das contas, uma forma de covardia.

Não importa se alguém veio do México, da Síria ou do Sri Lanka, se estão abandonando os destroços de um negócio falido ou um nicho de sucesso que estagnou. Não importa se seguiram todas as leis, se foram anjos perfeitos — o que importa é que estão tomando uma atitude. Estão controlando o que acontece, e não o contrário. Estão fazendo uma grande aposta. Uma que exige *cojones* de verdade.

Quando sabemos o que é preciso para que nós mesmos saltemos, deveríamos admirar quando outros o fazem. Deveríamos deixar que também nos inspirem — nenhuma situação é irremediável, nunca estamos sem livre-arbítrio. Sempre podemos fazer as malas e nos mudar.

FAÇA SEU TRABALHO

Faltavam quinze para o meio-dia de 21 de outubro de 1805, no início da Batalha de Trafalgar, quando Horatio Nelson ordenou ao sinaleiro que anunciasse para a frota: "A Inglaterra espera que todos os homens cumpram seu dever."

Ele queria que lutassem. De perto. Que fizessem o trabalho para o qual tinham sido treinados.

O medo nos dá uma infinidade de motivos para não agir: é difícil demais. É perigoso demais. As chances são muito pequenas. As ordens não fazem sentido. O líder deveria ter me colocado no comando.

A coragem perpassa esse ruído. Lembra a você do que a situação exige. Lembra a você do compromisso que assumiu.

Todos temos deveres diferentes. Existem os deveres de um médico e os de um oficial de tribunal. Existe o dever de um soldado. O dever do pai com um filho, de um cônjuge com o outro. Também existe o dever de qualquer pessoa com potencial, o dever de qualquer cidadão consciente. Dever não é apenas fazer o que você disse em seu juramento, ou *não* fazer o que é proibido pela lei, é fazer o que é exigido de nós enquanto seres humanos decentes. Nosso dever é fazer a coisa certa... agora.

E com entusiasmo. Com toda nossa sinceridade e nosso comprometimento. Acreditando que podemos fazer a diferença. Que devemos fazer a diferença.

Será difícil. O juramento de seu ofício pode colocar você em uma situação sem precedentes. Você pode se encontrar no lugar de Helvídio, quando o imperador ordenou que ele se retirasse, proibido pelo dever e respeito próprio a obedecer. Haverá um conflito de interesses. Haverá críticas e riscos.

Mas?
E?
Você sabe o que acontece quando evitamos situações difíceis? Quando dizemos a nós mesmos que não importa? Quando alguém deixa de fazer seu trabalho em determinado momento? Ou transfere uma decisão para os superiores ou subalternos? Isso obriga outra pessoa a realizar a tarefa, a um custo mais alto. A história do apaziguamento e da procrastinação nos mostra que, no fim, a conta chega com juros.

A questão do dever é que temos a escolha de não cumpri-lo, mas, ao mesmo tempo, sabemos que, na verdade, não há escolha. Ou melhor: só há *uma* escolha.

Durante cinco horas e meia, a frota inglesa lutou contra os franceses e os espanhóis na Batalha de Trafalgar. Era o ponto alto do plano de Napoleão para conquistar a Europa. Foi uma das batalhas navais mais ferozes da história.

Nelson poderia ter assistido à batalha de um local seguro, e, por ter perdido um braço em uma batalha anterior, essa poderia ter sido a atitude mais prudente. No entanto, havia coisas demais em risco para liderar a distância. Além disso, um comandante deve enfrentar os mesmos riscos que pede que seus soldados corram. Portanto, ficou andando pelo convés do navio, imune aos perigos, dando ordens e fazendo ajustes. Fez o máximo que pôde contra o inimigo, investiu tudo de si no momento.

Então, um tiro perfurou sua coluna.

Carregado para debaixo do convés, disse suas últimas palavras: "Graças a Deus, cumpri o meu dever."

Todos deveríamos nos orgulhar de morrer com tal pensamento. "Um local perigoso é defensável quando homens corajosos entram em ação", disse Kennedy.

Tudo se torna possível quando as pessoas fazem seu trabalho. Quando atendem ao chamado. Serpico enfrentando os colegas policiais. Nightingale desafiando a burocracia e a apatia de sua época. Roosevelt chutando um vespeiro com Booker T. Washington.

Churchill, parando de atirar, atraindo aliados e recusando-se a se render, para que pudesse salvar a Inglaterra. Como Nelson, ele acreditava que havia "algo acontecendo no espaço e tempo e além do espaço e tempo que, gostemos ou não, significa dever".

O chamado foi feito. Ele o atendeu. Muitos atenderam. E você, atenderá?

VOCÊ PODE VENCER AS PROBABILIDADES

Ele mesmo tinha pensado na solução, mas isso não a tornou menos importante. Os norte-coreanos tinham invadido a Coreia do Sul e derrotado rapidamente as forças da República da Coreia. O general Douglas MacArthur, comandante do teatro de guerra, fora pego desprevenido no Japão. Apoiado pela ONU, inundou a Coreia do Sul de tropas, mas elas mal eram suficientes para resistir. Seul caiu. O laço da forca se apertou. As tropas estadunidenses, presas no então chamado "Perímetro Pusan", receberam a ordem de "resistir ou morrer". A esperança de vitória era mínima; mínima para todos, exceto para MacArthur.

Ele teve uma ideia: realizar uma invasão anfíbia no porto de Inchon, cerca de 240 quilômetros acima da costa da Coreia do Sul, desembarcando *atrás* dos invasores. Acreditava que pegar o inimigo de surpresa poderia virar a maré da guerra.

A maré, porém, era parte do problema. Se havia um porto em que uma invasão era praticamente impossível, era o da feia e industrial Inchon. O lugar tinha todas as desvantagens geográficas que se podia imaginar. Cercado por quebra-mares e píeres, o porto sem praias era um cenário de massacre na maré baixa e uma corrente traiçoeira de túmulos aquáticos na maré alta. Pela flutuação da água, era acessível só *dois dias* por mês, por poucas horas... se já não estivesse com o acesso impedido por minas.

Todos tinham receios.

Exceto MacArthur, que, dirigindo-se a um quadro-negro, escreveu em francês: *"De qui objet?"* Qual é o objetivo? Era surpreender o inimigo. Pressioná-lo. Contornou o porto no mapa. "É aqui que devemos desembarcar, em Inchon... Ataquem sem piedade." Não deveriam aceitar "conselhos do medo", incentivou MacArthur — era uma questão de força de vontade e coragem.

Seus superiores revisaram a operação. Não ficaram animados. "A operação não é impossível", disse o vice-almirante da Marinha para MacArthur, "mas não a recomendo."

A fala deveria tê-lo desencorajado. Mas, na verdade, empolgou MacArthur. Estavam lhe dizendo que *havia uma chance*. É isso o que "não é impossível" significa. Quer seja uma chance de 1% ou de 0,0001%, tudo que a coragem precisa ouvir é que há uma possibilidade.

É difícil? Improvável? Não importa.

Na verdade, era por causa da improbabilidade que MacArthur gostava de suas chances. "Os norte-coreanos considerariam impossível um desembarque em Inchon", disse. "Eu poderia pegá-los desprevenidos." Barreiras altas, mas não intransponíveis, são a oportunidade perfeita para uma vitória inesperada.

Nenhum comitê feito na segurança de Washington para apontar a "realidade" da situação convenceria MacArthur. Ele se lembrara das palavras do pai: "Doug, conselhos de guerra fomentam timidez e derrotismo." O próprio MacArthur estimava que suas chances eram de uma em cinco mil.

Aquilo bastava. "Quase consigo ouvir o tique-taque do segundo ponteiro do destino", disse. "Devemos agir agora ou morreremos... Teremos sucesso em Inchon. E isso salvará cem mil vidas."

Em 15 de setembro de 1950, a invasão armada teve início. Com somente alguns minutos à disposição, cerca de treze mil fuzileiros navais desembarcaram. Quando MacArthur pisou em terra firme, a primeira coisa que fez foi vomitar. Entretanto, tinha conseguido. Vencera as probabilidades. A sorte favorece os ousados.*

---

* É importante notar que, seis meses depois, MacArthur seria destituído de sua posição, porque o sucesso lhe subira à cabeça. Lembre-se: ousadia não é imprudência. Não pode ser, quando a vida de outras pessoas está em jogo.

Onde estaríamos sem pessoas corajosas o bastante para desafiar as probabilidades? Se todo empreendedor, ativista e general dessem ouvidos às previsões, que tipo de mundo seria este? Se todo oncologista se conformasse com os fatos de seu diagnóstico, nenhum paciente seria salvo. Se todo time que estivesse perdendo nos últimos minutos da partida acreditasse que estivesse derrotado, não haveria nenhuma vitória de virada. Se, em 1940, todos os pilotos da Força Aérea Real tivessem olhado para os números — o risco de um em dez de morrer em cada voo —, a Inglaterra teria conseguido resistir?

Se só agíssemos de acordo com nossas certezas e só seguíssemos em frente quando as condições fossem favoráveis, nada de transformador jamais seria feito. As probabilidades têm estado contra tudo que já aconteceu de importante.

Precisamos nos lembrar de que as pesquisas, as estimativas, os modelos estatísticos — tudo isso é estático. O que não conseguem prever, o que não conseguem explicar, é o indivíduo com livre-arbítrio, o ser humano que coloca a mão na massa em vez de simplesmente ficar sentado esperando que as coisas aconteçam.

É preciso coragem para olhar as chances médias e dizer: "Não sou mediano." "Alguém será a exceção, e esse alguém pode ser eu."

Isso é coragem. Na verdade, não há coragem sem probabilidades ruins, sem uma disposição a correr riscos — de perder o emprego, o jogo, o acordo, a vida. Se fosse garantido, seria uma questão de coragem?

Você precisa se dar conta de que não é mediano. Nunca foi. Você é único. Sempre teve o que era necessário para superar as expectativas.

Se não acredita nisso, talvez deva ser lembrado de que *sua própria existência* é a coisa menos provável que já aconteceu. Alguns cientistas estimaram que as probabilidades de você nascer são de aproximadamente uma em quatrocentos trilhões — mas, na verdade, se trata de uma estimativa otimista. Considere tudo o que precisou acontecer para que seus pais se conhecessem, para que você sobrevivesse, para que estivesse aqui, agora, pensando sobre todas as coisas que pode desempenhar. Você é mais do que um milagre, é um milagre no espectro de milagres improváveis. Mesmo assim, aqui está você.

Você se deixará deter pelo fato de que sucesso sem obstáculos é algo raro? Deixará as probabilidades ditarem o que você pode ou não fazer? Permitirá que desgastem sua força de vontade e o convençam a não correr riscos? Ou a não fazer absolutamente nada? Essa receita não funciona para a vida, para a grandeza, para a *bondade*.

É claro que você não pode negligenciar perigos só porque são inconvenientes — especialmente quando outras pessoas dependem de você. Como já foi dito, o empreendedor que sempre "aposta as apostas da empresa" irá à falência no final. Ele pode se safar para apostar de novo, mas são os funcionários que sofrem as consequências.

Ainda assim, não há como escapar: às vezes, precisamos ser corajosos o bastante para desafiar as probabilidades, mas só fazemos isso quando há uma *chance real* de sucesso. Raramente, quando não temos outra escolha.

NÃO OS DECEPCIONE

A última palavra de Marco Pórcio Catão enquanto encarava corajosamente a morte no campo de batalha foi o nome de seu pai. As últimas palavras de Pórcia, filha de Catão, quando morreu devido ao seu papel na conspiração contra César? "Sou a filha de Catão."
O pai deles fora um exemplo. Não o decepcionariam. Morreriam lutando.

Embora poucos de nós sejamos descendentes de uma linhagem tão famosa quanto a dos filhos do determinado e incorruptível Catão, o Jovem, ainda somos descendentes de uma tradição longa e ilustre. Indiretamente, somos descendentes de Catão e de todos os heróis que já viveram, porque não estaríamos aqui sem eles.

Portanto, como poderíamos decepcioná-los?

Como escreveu Longfellow:

A vida de todo grande homem nos lembra
De que podemos tornar nossa vida sublime;
E, na despedida, deixar
Nas areias do tempo nossas marcas.

Agora, em meio a um período difícil — de nossa vida pessoal, profissional e política —, podemos encontrar forças nos exemplos do passado. Podemos deixar que grandes feitos e palavras inspiradoras fortaleçam nossa determinação e reforcem nosso comprometimento.

Quando a Apple se afastou de suas origens inovadoras e rebeldes como fabricante de computadores, essa foi uma tática que Steve Jobs usou para fazer a empresa recobrar o foco. Disse: "Lembrar-se de quem são seus heróis é um jeito de se lembrar de quem você é." Talvez, para você, seja Jesus, recusando-se a fugir e seguindo corajosamente para a cruz. Talvez seja Audie Murphy — o soldado mais condecorado da história dos Estados Unidos —, subindo naquele destruidor de tanques em chamas e usando a metralhadora calibre .50 por mais de uma hora para deter o inimigo, mesmo depois de ser ferido, recusando-se a ceder um centímetro sequer de terreno e defendendo a floresta até a chegada de reforços. Talvez seja Muhammad Ali, arriscando tudo para protestar contra a Guerra do Vietnã. Talvez seja Florence Nightingale, enfrentando os pais e as restrições da época em que viveu para instaurar um novo mundo.

Harry Burns não queria arruinar sua carreira política porque a mãe viúva dependia dele para sobreviver. Contudo, no fim das contas, a mãe não foi um empecilho, e sim uma inspiração. Ele fez a coisa certa *por* ela, ainda que houvesse algum risco. E o mesmo deve ser verdade para nossa família. Nós nos voluntariamos, nos apresentamos, porque queremos deixá-la orgulhosa. Porque não a trairíamos.

A maioria de nossos ancestrais e predecessores corajosos já se foi, mas o exemplo que eles deram ainda está presente. A memória deles persiste, para ser acessada sempre que necessário.

Devemos nos voltar para eles nos momentos mais sombrios. Uma coragem em que podemos nos inspirar sempre que sentirmos que estamos vacilando. Pense naqueles que levaram uma vida corajosa antes de você, pense em sua conexão com eles.

"Seu avô foi um homem corajoso", escreveu o pai de Sêneca na esperança de inspirar os próprios filhos e os filhos dele, "sejam ainda mais corajosos."

Imagine que seus ancestrais — de sangue e de coragem — estão de pé aqui, observando e protegendo você. Lembre a si mesmo *o que eles fariam neste instante*. Você não pode decepcioná-los.

Portanto, seja mais corajoso. Agora. Aqui, neste momento decisivo.

QUANDO SUPERAMOS A NÓS MESMOS...

"O homem é movido por ímpetos, mas é atraído por valores."

VIKTOR FRANKL

Se existe certa irracionalidade na coragem, há algo ainda mais difícil de explicar. Altruísmo. Abnegação. Tanto psicólogos evolucionistas quanto biólogos e dramaturgos têm lutado há anos para compreender isso. O historiador T. R. Fehrenbach observou que "a loucura humana é mais fácil de explicar do que a valentia humana".

A coragem tem recompensas óbvias. Uma pessoa assume um risco porque espera uma gratificação — algo que os outros temem tentar alcançar. Mas e quanto a sacrificar a si próprio? Ou se sacrificar profundamente *por* algo? Existe coragem e existe *heroísmo*, a forma mais elevada de coragem. O tipo incorporado naqueles que estão dispostos a dar talvez *tudo* por outra pessoa.

Certa vez, um líder particularmente medroso parou em um cemitério militar e olhou para as sepulturas daqueles que tinham perdido a vida nas guerras pela nação ao longo dos séculos. "Não entendo", disse. "O que eles tinham a ganhar?" Quando a maioria das pessoas faz essa pergunta, é com certa humildade e reverência, um desejo de compreender um fenômeno incrível. Para os vendidos, os covardes e os egoístas, porém, a perplexidade é autêntica. Por que alguém daria a própria vida por outras pessoas? Que tipo de acordo é esse?

A lógica da autopreservação é forte. Especialmente para aqueles de nós com tendências pragmáticas. É preciso ser mais forte para deixá-la de lado. Um estranho paradoxo: aqueles sem um forte senso de interesse próprio não são propensos a serem corajosos, mas a forma mais elevada de coragem exige um tipo de abnegação que é, em alguns casos, suicida. Como isso funciona? Talvez não possa ser explicado em palavras. Talvez esteja além dos limites da compreensão de quem não está vivendo o momento na pele — como as façanhas de força *física* sobre-humana em que mães levantam carros de cima de crianças pequenas.

Contudo, sabemos quanto isso é essencial para nossa sobrevivência como espécie, ainda mais se somos pessoas boas. Há uma razão para que nossas maiores obras de arte os celebrem, para que os nomes desses heróis continuem vivos por séculos depois de seus feitos.

A coragem é bastante rara, mas o heroísmo é mais ainda. Trata-se de uma forma de coragem tão poderosa que temos dificuldade de encará-la diretamente. Você a percebe em todos os discursos de entrega da Medalha de Honra e na entrevista com o herói que acaba de saltar na frente de um trem para salvar alguém: "Só fiz o que qualquer um teria feito." Se fosse mesmo verdade, não daríamos tanta importância.

O verdadeiro heroísmo nos envergonha. É uma lição de humildade. Ele nos toca de forma irracional — pois veio de algo irracional. É por esse motivo que o idolatramos tanto.

É óbvio por que a taxa de sobrevivência dos que conseguem exercer essa grandeza não é alta. No entanto, também é a beleza disso — em alguns casos, essas pessoas morreram para que pudéssemos viver. Falhamos com elas e falhamos conosco se não nos esforçarmos para entender o significado do que fizeram.

PARTE III
O HEROICO

"No amplo campo de batalha do mundo,
No acampamento da Vida,
Não seja como um gado estúpido e governado!
Seja um herói na luta!"

HENRY WADSWORTH LONGFELLOW

Se coragem — moral e física — é o ato de se colocar em risco, então a definição de ato heroico é muito simples: é se arriscar *por* outra pessoa. É se arriscar não somente em benefício próprio, mas pelo benefício de alguém, de algo ou de alguma causa maior. Essa não é uma das maiores expressões do que é ser humano? Em situações em que o perigo verdadeiro está à espreita, em que a esperança desapareceu, ninguém clama por um gestor. Ninguém clama pelo raciocínio calculado de alguém lógico. As pessoas clamam por ação, por um herói — por alguém que as salve, que se apresente e faça o que não podemos fazer por nós mesmos. E, ao atender ao clamor, o herói adentra, ainda que por um breve momento, um plano mais elevado. Toca o rosto dos deuses. *Megalopsuchia*. Os estoicos chamavam isso de *grandeza da alma*. Poderíamos chamar de coragem *maior*. De Gaulle, que falava com frequência sobre a "grandeza" da França, certa vez foi indagado quanto ao que a expressão queria dizer. Ele respondeu que estava falando da "estrada que se toma para se superar a si mesmo". Essa é a coragem que valorizamos mais do que as outras. Porque é muito rara, muito mais profunda, algo que só vislumbramos. Para alcançá-la, devemos triunfar sobre o medo, cultivar a coragem em nosso cotidiano e estar prontos para agarrar as oportunidades que a vida nos apresenta — grandes ou pequenas. Precisamos muito de heróis. Você é um?

INDO ALÉM DO CHAMADO...

Os gregos não eram perfeitos. Os espartanos, menos ainda. Mas não eram puxa-sacos e eram melhores do que o rei tirano e insaciável que os atacou em 480 a.C. Xerxes, governante do gigantesco Império Persa, procurava subjugação e vingança. Os gregos o tinham ofendido ao rejeitarem com insolência seus emissários e frustrarem a invasão de seu pai uma década antes, e agora, com um exército enorme, Xerxes invadia a Grécia.

Algumas cidades-Estados gregas perceberam que as perspectivas eram ruins e se renderam. Algumas aceitaram grandes subornos para mudar de lado. A já instável confederação de nações gregas — de Esparta a Atenas, Tebas, Argos e Corinto — ficou à beira do colapso, e todo o futuro da civilização ocidental recaía sobre ela, embora não soubesse disso plenamente na época. Será que Xerxes conquistaria o Ocidente? Será que um rei todo-poderoso, idolatrado como um deus, esmagaria as últimas brasas de liberdade e igualdade, extinguindo um estilo de vida que temos muita sorte de desfrutar hoje?

Enquanto os aliados lutavam para se reunir e se preparar, decidiram: um pequeno exército, liderado por trezentos espartanos e seu governante, Leônidas, iria às pressas para Termópilas com o propósito de deter os persas pelo tempo que pudessem. Se conseguissem oferecer uma resistência forte, talvez a Grécia se sentisse fortalecida para seguir lutando.

"Dizem que os bárbaros estão perto e continuam a avançar enquanto estamos desperdiçando tempo", disse Leônidas aos soldados. "A verdade é que, em breve, deveremos matar os bárbaros; do contrário, seremos mortos." Assim, trezentos dos soldados de elite de Esparta puseram-se em marcha — todos adultos, cada um pai de pelo menos um filho —, viajando cerca de quatrocentos quilômetros para enfrentar o que talvez fossem as piores probabilidades na história das guerras. Angariando reforços de alguns Estados vizinhos, acredita-se que entre cinco e sete mil gregos enfrentaram um exército persa que alguns historiadores antigos alegaram que contava com até *um milhão de homens*.

A única vantagem deles? Termópilas — um desfiladeiro montanhoso próximo ao mar Egeu —, que neutralizaria a força avassaladora de Xerxes. Além disso, diferentemente do invasor, os espartanos estavam realmente lutando *por* algo: estavam preparados para batalhar — e morrer — para que outros pudessem permanecer livres.

"Se tivesse qualquer conhecimento sobre as coisas nobres da vida", disse Leônidas a Xerxes, "você se absteria de cobiçar as posses dos outros; mas, para mim, morrer pela Grécia é melhor do que ser o único governante do povo de minha raça."

É óbvio que os conquistadores insaciáveis da história não possuem nenhuma compreensão dessas coisas. A primeiríssima atitude de Xerxes foi enviar um emissário para subornar os espartanos. Aquilo funcionara em algumas das cidades-Estados mais fracas e era com certeza o tipo de tentação à qual Xerxes cederia de imediato caso se encontrasse na mesma posição.

Mas não Leônidas. Não um descendente de Hércules. Fazer a escolha mais fácil? Trair os outros em benefício próprio? Subir de posição por meio da traição? "Os gregos aprenderam com seus pais a conquistar terras não por meio da covardia, mas da valentia", respondeu Leônidas.

Ele escolheu a virtude. Escolheu a coragem.

Essa noção de valentia — não somente coragem, mas um comprometimento com algo maior do que eles próprios — foi o que convenceu os gregos de que valia a pena tentar realizar a missão. "Como você poderia arriscar tão poucos contra tantos", perguntou a Leônidas um aliado. "Se vocês, homens, pensam que depende de números", respondeu ele, "então toda a Grécia não é suficiente, pois ela é apenas uma pequena fração dos números deles; mas, dependendo da valentia dos homens, nós seremos o bastante." E assim, quando Xerxes pediu que os espartanos depusessem as armas, a resposta lacônica foi: "Venha pegá-las."

Por quatro dias, a simples ameaça de entrar em combate com os espartanos deteve os persas. Em algum momento de 18 de agosto, o ataque começou. Uma fileira após outra de soldados persas foi lançada contra a falange de gregos. Lutaram entre as rochas, enquanto os espartanos não recuavam, não somente por seu país, mas pelo homem ao seu lado.

Quando o primeiro dia estava chegando ao fim, Xerxes ordenou que seus soldados mais destemidos, os Dez Mil Imortais, ingressassem na batalha. Um espartano mencionou a Leônidas que os imortais estavam próximos, e o líder respondeu: "Sim, e nós também estamos próximos." Para horror de Xerxes, que se levantou três vezes em uma impotência agoniada, até aquelas tropas foram rechaçadas com grandes perdas.

Conforme o primeiro dia dava lugar ao segundo, Leônidas não se deixou enganar pelas vitórias que obtivera. Sempre soubera, independentemente da esperança de que chegassem reforços, que era uma missão sem volta. Contudo, embarcara mesmo assim. Estava lutando para ganhar tempo. Também estava lá para provar algo: seu ato de *devotio* deveria inspirar a coragem dos gregos que hesitavam entre se render e lutar. Eles seguiram lutando, o segundo dia tão brutal quanto o primeiro.

No terceiro dia, ficou óbvio que os persas tinham encontrado uma maneira de atacar por trás. Chegou um aviso sobre a força do inimigo: os arqueiros de Xerxes lançariam tantas flechas que elas ofuscariam o sol. "Então, lutaremos na sombra", disse Leônidas. Depois, ordenou que seus homens jantassem bem, porque era provável que a próxima refeição acontecesse no além. Tentou escolher três homens feridos para voltar a Esparta com notícias, esperando secretamente também poupar a vida deles. Eles rejeitaram o bilhete premiado: "Vim com o exército não para transmitir mensagens, mas para lutar", respondeu o primeiro. O segundo disse: "Eu seria um homem melhor se permanecesse aqui." E o terceiro: "Não ficarei de fora da batalha, serei o primeiro no combate."

Sem mais nada a dizer, os espartanos ficaram em silêncio. Quem, dentre eles, não tinha ferimentos do combate do dia anterior? Quem não estava exausto? Quem não estava pensando nos filhos e no país que haviam deixado para trás?

Às nove horas, o sol já estava alto e fazia calor. Eles suavam dentro das armaduras, o corpo inundado pelas reservas de adrenalina e patriotismo que ainda restavam. Nunca mais veriam Esparta nem as respectivas famílias.

Leônidas deu ordens para que *avançassem*. O exército deixou a proteção dos portões rochosos para combater o inimigo em espaço aberto, provocando ainda mais danos em seu último ato de resistência. Os persas os atacaram furiosamente, chicoteados por trás pelos capatazes de escravizados, apoiados por tantos soldados que podiam se dar ao luxo de pisotear companheiros caídos ou feridos à medida que as intermináveis ondas de homens avançavam, uma depois da outra.

Os espartanos os matavam metodicamente, de modo tão feroz quanto antes, às vezes até fingindo ter fileiras rompidas, deixando os persas avançarem às pressas e, depois, retomando as formações para eliminá-los. Todas as vezes, davam um grito de júbilo. Naquele breve momento, valentia incomum era virtude comum. Os homens se superavam lutando e atuando com uma excelência quase sobrenatural. Os espartanos, no entanto, sabiam. *Eles sabiam.* Aquele era o fim.

Não envelheceriam. Cairiam. E logo.

Leônidas foi morto no meio do último dia, concretizando uma profecia em que acreditava havia muito tempo de que um rei espartano deveria morrer para que a Grécia não fosse destruída por um invasor. Seus homens realizaram uma, duas, três tentativas de salvá-lo. Na quarta, conseguiram. Depois, voltaram de imediato para o combate.

Suas lanças quebraram devido ao desgaste, e não podiam ser substituídas. Nenhum reforço chegou. Agora, a notícia se espalhava pelas fileiras: chegara a hora. Recuaram de volta para os portões, onde lutaram só com suas espadas, e, depois que as perderam, recorreram às próprias mãos e aos dentes. Por fim, como era inevitável, foram derrotados. Tinham sido três dias de batalha, além dos quatro anteriores. Ganharam uma semana para seu país. A batalha custou a Xerxes inúmeros homens e um tempo que ele não tinha. Mais do que isso: abalara sua confiança. Quantos outros espartanos existem na Grécia, perguntou ele a um dos seus conselheiros. Todos lutam assim? *Há milhares*, foi a resposta, *nenhum é igual a estes homens derrotados, mas todos são igualmente bons em combate.*

A Grécia também entendeu o que estava em jogo. Ninguém podia negar o gesto realizado pelos espartanos. Ninguém podia negar o chamado para fazer sua parte.

Séculos depois, Churchill comentou a incrível atuação da Força Aérea Real em defesa da Inglaterra durante a Batalha da Grã-Bretanha: "Nunca tantos deveram tanto a tão poucos." Não era de todo verdade, pois até a resistência daqueles poucos tem, antes de mais nada, uma dívida com os trezentos espartanos. Não é exagero afirmar que *todas* as realizações da civilização ocidental, do Renascimento à Revolução Americana, não teriam acontecido se não fosse pelo sacrifício em Termópilas.

Foi assim que trezentos soldados, em um ato de abnegação, como também os soldados em Gettysburg e a Força Aérea Real, se tornaram mais do que homens. Eles se tornaram quase deuses.

Hoje, é quase ofensivo usar o clichê "a liberdade não é de graça". Ainda assim, é verdade. As vitórias que os gregos conseguiram conquistar em Salamina e em Plateias devem muito à derrota gloriosa em Termópilas. A liberdade que todos amam, mas de que todos tendem a abusar, também foi conquistada lá, por aqueles pais que lutaram lado a lado, com a certeza de que não viveriam para ver os frutos de seu trabalho, assim como a árvore sob a qual você se senta foi plantada há muito tempo por alguém que se importava com o futuro.

Não precisavam refletir sobre os motivos. Precisavam apenas agir e morrer. Como diz a antiga inscrição no campo de batalha: "Diga aos espartanos que por aqui passarem que jazemos obedientes às suas leis." Seu exemplo de coragem e de abnegação é eterno. Nenhum sobreviveu, mas acabaram se tornando muito mais imortais do que as tropas persas que os mataram.

Hoje, *Portas de fogo*, o romance histórico épico de Steven Pressfield sobre essa batalha, é passado de um soldado para outro, de uma pessoa para outra, como uma espécie de tributo. A questão central do livro é: *Qual é o oposto do medo?* Não basta simplesmente dominá-lo ou extingui-lo. Pressfield quer saber, como os espartanos queriam, o que está além do medo. Se o medo era o vício, qual era a virtude? Não é somente coragem. Porque você pode ser corajoso por motivos egoístas. Você precisa superar o medo para saltar de um avião, mas se estiver fazendo isso por diversão, é de fato tão significativo?

Não foram somente os homens e suas armas que tornaram possíveis os feitos em Termópilas. Foram também as esposas, que não apenas permitiram que os maridos partissem, mas cuja coragem e autodisciplina férrea eram a espinha dorsal do país. A força e o altruísmo das mulheres espartanas são lendários. Quando um rei espartano foi morto em um golpe perverso, a mãe correu até o corpo do filho e, quando os assassinos ofereceram poupá-la se ficasse quieta, ela se levantou e os desafiou. Suas últimas palavras, enquanto oferecia seu pescoço, foram: "Que isto sirva somente a Esparta."

Estamos enganados ao encararmos os espartanos como meros guerreiros, lutadores corajosos. Como conclui Pressfield, o oposto do medo — a verdadeira virtude que contrasta com esse vício — não era o destemor. *O oposto do medo é o amor.* Amor pelo outro. Amor pelas ideias. Amor pelo próprio país. Amor pelos vulneráveis e fracos. Amor pela próxima geração. Amor por *tudo*. Não é isso o que nos atinge no plexo solar quando ouvimos as últimas palavras chorosas de Leônidas para sua esposa antes de partir? "Case com um homem bom que a tratará bem, dê filhos a ele e viva uma vida boa."

E é esse amor profundo, no âmago do indivíduo, que permite a uma pessoa ignorar a lógica da autopreservação e conquistar a verdadeira grandeza, seja protegendo alguém de um tiro, seja arriscando o emprego para se manifestar em defesa do bem comum, seja lutando — contra todas as probabilidades — por uma causa que sabe ser a correta.

Florence Nightingale tratou com ternura o sofrimento dos doentes de seu país. De Gaulle lutou, com uma intensidade exasperante, para preservar a França. Os espartanos, em Termópilas, foram além, em um ato de verdadeira abnegação, dando o máximo que uma pessoa pode dar. É óbvio que nem toda abnegação exige o sacrifício máximo, mas não existe abnegação *sem* sacrifício. O sacrifício que eles fizeram foi inacreditável — mais ainda porque não o fizeram por eles mesmos ou pelo próprio povo. Leônidas poderia ter sobrevivido se quisesse. Ele e os espartanos poderiam ter governado toda a Grécia. Mesmo assim, ele morreu para que todos os gregos pudessem ser livres. Para que *nós* pudéssemos ser livres.

Se a coragem é rara, então esse tipo de heroísmo é uma espécie em extinção. Se a coragem, por si só, é insensata, então o amor em sua forma mais elevada — o tipo verdadeiramente altruísta — é insano. É chocante em sua majestosidade. É a verdadeira grandeza humana. Somos nós transcendendo a lógica, o interesse próprio e milhões de anos de biologia para tomarmos um lugar, ainda que por um breve momento, em um plano mais elevado.

Os espartanos são os heróis que reconhecemos como a personificação dessa ideia, mas devemos nos lembrar de que são substitutos. Representam a coragem anônima de inúmeros resistentes ao longo dos séculos, de pessoas que testemunharam em julgamentos e enfrentaram represálias, que se registraram para votar e foram espancadas, organizadores de sindicatos que se levantaram contra aqueles no poder, pioneiros que ingressaram em equipes de resgate, atletas que jogaram com lesões que levariam ao encerramento da carreira para manter o time na disputa ou comida na mesa de suas famílias. Esses foram momentos de *megalopsuchia*.

O que estamos dispostos a dar — toda nossa devoção a uma causa que exige esforço, a um estranho, ao que deve ser feito — é o que nos eleva. É o que nos leva de corajosos a *heroicos*. Talvez por um momento, talvez para uma única pessoa, talvez para sermos lembrados nos livros de história para sempre.

A CAUSA É TUDO

~

Enquanto o blog Gawker sufocava sob a pressão lenta, implacável e secreta de Peter Thiel, seus editores foram se desesperando. Precisavam gerar mais tráfego. Queriam provar as boas intenções de suas transgressões. Talvez sentissem que os tempos estavam mudando, mas, ainda assim, já que nunca foram responsabilizados, acreditavam que eram invencíveis.

Em julho de 2015, chegaram a um ponto crítico. O blog publicou uma matéria revelando que um executivo gay da área de mídia, com dois filhos, estava sendo extorquido por um garoto de programa. Foi mais uma das histórias perversas, mas excitantes, que tinham publicado às pressas tantas vezes antes, o tipo de assunto em que todo mundo tinha medo de tocar.

Daquela vez, porém, foi diferente — a situação financeira e as relações públicas obrigaram o proprietário a retirar a matéria do ar. Ele tentou explicar aos funcionários quanto tinham se desviado do que o público e do que ele próprio, enquanto homem gay, considerava aceitável.

Contra qualquer interferência da administração, os dois editores do site se demitiram como gesto de rebelião. *Não* aceitariam críticas do alto escalão. *Não* se censurariam. Defenderiam sua posição com o próprio emprego.

Podemos reconhecer que é preciso coragem para se demitir por uma questão de princípios e destruir a própria carreira por causa de uma matéria. Também é óbvio, para qualquer pessoa com senso moral, que aquele era um motivo errado pelo qual lutar. Um motivo que nem sequer deveria ser levado em consideração, para começo de conversa.

A atitude mais corajosa a se tomar seria se olharem no espelho e reconhecerem o que tinham feito. Mas não conseguiam. Portanto, redobraram a teimosia e colocaram tudo em jogo.

Foi corajoso, mas como disse um general francês ao assistir à Brigada Ligeira marchar desnecessariamente de encontro à morte, sem nenhuma reflexão: *C'est magnifique... c'est de la folie.* É magnífico... é loucura. A coisa toda era loucura, na verdade. Quem se lembra do motivo da Guerra da Crimeia? Na época, ninguém sabia também.

A independência editorial é importante. Mas para qual fim? Por qual *motivo*?

Os editores do Gawker não conseguiriam responder.

Havia muitos soldados corajosos na Confederação. O mesmo se aplica ao Exército britânico em suas guerras na Índia e na África. Ou ao Japão ao defender as ilhas que tinha conquistado no Pacífico.

Você lê sobre algumas dessas façanhas e fica boquiaberto.

Mas, intuitivamente, sabe que há algo de vazio nessa coragem. É vazio porque o motivo pelo qual eles lutavam era covarde e errado.

Como disse o poeta Lord Byron:

A causa é tudo,
Degrada ou santifica a coragem em sua queda.

A coragem não é um bem independente. Heróis *pensam*. Que bem há em um feito usado apenas em benefício próprio? Que peso tem quando se trata de um truque de salão ou de um exercício de vaidade? Ou de obediência incondicional? E se for usada pelo motivo errado?

Em seu livro *Perfis de coragem*, John F. Kennedy enaltece o posicionamento político de Edmund G. Ross, que se opôs ao seu partido e votou contra o impeachment de Andrew Johnson. De todos os capítulos, esse foi o que se provou menos verdadeiro. É sempre difícil adotar um posicionamento sozinho, mas, nesse caso, Ross estava do lado da supremacia branca. Pior ainda: ao resistir a uma mudança controversa da época — o primeiro impeachment de um presidente em exercício —, ele ajudou a estabelecer um precedente que, desde então, tornou extremamente difícil remover presidentes ruins do cargo.

O CEO que encara chances mínimas para expandir um negócio explorador e tóxico. O adepto do movimento antivacinação que corre o risco de sofrer injúrias e doenças, indo contra a massa. O ditador que toma o poder em um golpe brilhante e ousado. O policial que se demite em solidariedade quando outro é punido por empurrar um idoso em Buffalo. Os soldados presos por se recusarem a testemunhar contra o coronel William Calley depois de My Lai.

Coragem. Coragem vazia.

Como explicou um instrutor da Academia Naval dos Estados Unidos: saltar sobre uma granada só conta se você saltar sobre uma granada *para realizar algo*, para salvar alguém. A diferença entre a coragem bruta e o ato heroico está no *quem*. Por quem foi feito? Foi mesmo um ato abnegado? Foi para o bem maior? O heroísmo tem algo de lógico, por mais que seja ilógico desconsiderar a própria autopreservação.

"Com razão, os estoicos definem coragem como a virtude que defende a causa do que é certo...", escreveu Cícero. "Ninguém que conquistou a reputação de ser corajoso por meio de traição e de malícia atingiu a glória verdadeira."

É bom ser corajoso. O mundo quer mesmo saber se você tem *cojones*.

Mas o "por quê", o "onde" e o "quando" contam.

A causa é tudo.

LUTAR NÃO É A ATITUDE MAIS CORAJOSA

~

Lincoln venceu a Guerra Civil. Mas nunca recebeu crédito o suficiente por seus esforços para tentar evitá-la.*

Apesar de ele ter vencido uma eleição democrática e garantir repetidas vezes que não tinha intenção alguma de exceder sua autoridade constitucional, o Sul se separou — antes mesmo que Lincoln tivesse feito o juramento presidencial.

Contudo, como ele terminou seu discurso de posse? Apelando para o melhor da natureza humana. "Não somos inimigos, e sim amigos", disse, emocionado. "Não devemos ser inimigos. Embora a paixão possa ter se desgastado, não deve romper nossos laços afetivos."

Quando o Sul começou a sitiar fortes e paliçadas federais, Lincoln manteve sua posição. Não cederia à raiva. Não seria provocado. Mesmo no confronto pelo Forte Sumter, na Carolina do Sul, ele escolheu enviar somente alimentos e suprimentos necessários aos homens presos, não armas nem tropas, porque não queria piorar uma situação já muito tensa.

Um confronto que não precisa ocorrer não deve ocorrer. Sofrimento, desconforto, preocupação — é preciso coragem para suportar tudo isso. Mas a sabedoria e a compaixão nos obrigam não apenas a evitar esses sentimentos quando for necessário, mas também

---

* Também vale lembrar o príncipe Albert, da Inglaterra, que, nos últimos dias de vida, conseguiu manter o país fora da Guerra Civil Americana (que facilmente poderia ter se tornado uma guerra mundial).

a tentar prevenir esse tipo de situação para proteger outras pessoas. É por isso que o herói luta com a mesma intensidade tanto para evitar um conflito quanto nos raros conflitos em que se encontra. Gandhi tinha dito que preferiria a violência à covardia. O que ele e outros praticantes da não violência escolheram era algo ainda mais grandioso e heroico. Era preciso ainda mais coragem para batalhar sem armas, apenas com a própria alma e o próprio espírito, contra inimigos furiosos e armados. Imagine a coragem da pequena Malala Yousafzai, atacada e deixada para morrer pelo Talibã, por tentar ir à escola. E ela afirmou: "Mesmo que eu tivesse uma arma na mão e ele estivesse na minha frente, eu não atiraria."

Isso não é ser mais forte do que o guerreiro mais forte?

O problema é que, em geral, esse tipo de heroísmo é menos cinematográfico do que um ataque de cavalaria. As pessoas querem ler livros sobre guerras... e não sobre a diplomacia que evitou que acontecessem. Querem ouvir sobre os delatores... e não sobre os líderes que foram capazes de reestruturar instituições internamente sem que fosse necessário chegar a esse ponto. Produzimos filmes sobre os iconoclastas corajosos que fazem tudo diferente, mas e quanto a alguém que faz a diferença *e* é capaz de se encaixar na sociedade?

Lembre-se: ninguém recebe crédito por coisas que não aconteceram. Pensamos em Franklin D. Roosevelt e em como ele enfrentou a Grande Depressão. Seu verdadeiro feito foram as reformas que evitaram inúmeras outras depressões, responsáveis por identificar criminosos e manipulações financeiras e as quais continuam em vigor nos bastidores até hoje.

Uma nação deveria ter soldados corajosos (coragem física) e estadistas sábios (coragem moral). Um luta nas batalhas, o outro cultiva os relacionamentos e as políticas que reduzem a necessidade de essas batalhas ocorrerem. Precisamos de generais *e* de opositores conscientes, porque ambos são guerreiros corajosos, cada qual à sua maneira, lutando por causas importantes.

Como já foi dito, entrar em toda e qualquer briga não é sinal de coragem. Ser um "machão" é masoquismo. Entrar em disputas por qualquer motivo não é nada corajoso, assim como não há nada de impressionante em jogar roleta-russa. Não há nenhuma glória em vencer uma batalha — física ou verbal — para alcançar objetivos imorais. E não há nada mais imoral do que um conflito desnecessário.

Estar certo não importa. A possibilidade de ser humilhado não interessa. Será que alguém precisa morrer por isso? Será que alguém precisa perder a reputação por isso? Será que decisões melhores poderiam resolver a situação no futuro? E se alguém estivesse disposto a deixar que outra pessoa fosse humilhada? E se *você* fosse essa pessoa?

São perguntas heroicas. E se puderem ser evitadas, devem ser. Dizem que a discrição é a melhor parte do valor.

É parte do valor porque requer coragem — uma pessoa precisa estar disposta a parecer idiota, a ser criticada e a suportar a pressão para fazer o que sabe que é certo. Nem todos podem assumir essa postura. Como a ativista pelos direitos das mulheres e sufragista Hannah Johnston Bailey explicou: "Um homem não tem a coragem moral de clamar pela paz, por medo de que o acusem de ser afeminado e covarde." Essa foi a armadilha de Lyndon Johnson no Vietnã. Ele sabia que era uma premissa fadada à derrota, mas não queria parecer frouxo.

Hannah Johnston Bailey acreditava que as mulheres eram as pessoas certas para evitar isso. Por quê?

Talvez por empatia. Em vez de pensar no que as outras pessoas vão achar delas, as mulheres estão fazendo algo mais heroico e mais abnegado: pensando em quais serão as consequências para as outras pessoas.

Se atuar com base no medo ou no egoísmo, você perderá. Você se encontrará em uma armadilha que só aumenta. Guerras — metafóricas ou literais — nunca têm um vencedor. Sun Tzu diria que é melhor vencer sem lutar — se posicionar de tal maneira que o inimigo perca antes mesmo de a guerra ter começado.

É isso mesmo.

E, diga-se de passagem, foi assim que funcionou para Lincoln. Apesar de seus valentes esforços, ele não conseguiu deter aqueles que preferiam "guerrear a deixar a nação sobreviver". Contudo, com seu autocontrole, conseguiu fazer com que o Sul exercesse seu papel de *agressor* na Guerra de Secessão, uma posição que jamais sairia vencedora. Sem pensar, os líderes sulistas se apressaram a disparar o primeiro tiro em uma batalha da qual alegavam ser vítimas. Foi uma contradição moral que nunca superaram.

O mais importante foi que não perceberam que estavam em uma posição de desvantagem extrema. Careciam de recursos. Careciam de visão estratégica. Careciam dos aliados e do apoio internacional necessários para derrotar o Norte. Careciam da compreensão de quanto aquela rebelião seria custosa e devastadora. No começo da guerra, o Sul tomou a iniciativa, enquanto Lincoln estava obtendo aos poucos os ingredientes cruciais que o levariam à vitória.

Sim, devemos estar dispostos a negociar. A fazer concessões. Mas fugir? Não. Evitamos as brigas insignificantes para que possamos estar prontos para as que importam. Quando o Sul finalmente começou a guerra, Lincoln lutou tanto quanto Churchill e De Gaulle lutariam gerações mais tarde. Lutou tanto quanto nós devemos lutar.

Como se faz o impossível? Quando se deve aplacar a situação? Quando se deve atacar?

Seja uma batalha física ou moral, sigamos o conselho de Shakespeare em seu famoso discurso "To Thine Own Self Be True", de *Hamlet*:

Cuidado
Ao entrar em uma briga, mas, uma vez nela,
Garanta que o inimigo tome cuidado com você.

VOCÊ TEM QUE
ATRAVESSAR O DESERTO

~

Sêneca foi exilado. Epicteto também. Hannah Arendt, filósofa política germano-americana do século XX, foi presa pela Gestapo, passou oito anos na prisão e depois sete anos no exílio. Galileu passou o resto da vida em prisão domiciliar por ousar afirmar que a Terra gira em torno do Sol e por se recusar a retratar tal alegação, embora ninguém fosse culpá-lo se o tivesse feito.

Quando menina, Eleanor Roosevelt foi enviada pelos pais para morar longe de casa e depois viveu por décadas à sombra do marido. Herman Melville foi atacado ferozmente pelos críticos. Steve Jobs foi demitido da Apple. Charles Darwin passou 23 anos no limbo antes de conseguir publicar seus pensamentos sobre a evolução.

Você não acha que será amado e valorizado por tudo que faz, acha?

Seria maravilhoso se estimássemos nossos heróis, se estendêssemos o tapete vermelho para nossos gênios criativos. Em vez disso, nós os colocamos em um corredor polonês. Nós os torturamos. Nós os expulsamos.

Churchill não foi somente um prisioneiro de guerra na juventude, como também foi expulso da vida pública no auge da carreira política. Seu crime? Em parte, estar *certo* quanto à Alemanha. Ninguém queria mais uma guerra. Ninguém queria que ele estivesse certo quanto à ameaça de Hitler. Portanto, foi mais fácil afastá-lo do que provar que estava errado.

Durante quase dez anos, Churchill padeceu em sua propriedade nos arredores de Londres. Ou, pelo menos, era o que seus inimigos achavam. Na verdade, ele estava lendo. Estava escrevendo. Estava descansando. Estava fazendo contatos valiosos. Estava esperando seu momento.

"Todos os profetas vieram da civilização", explicou, "mas todo profeta deve passar pelo deserto. Deve ter uma forte impressão de uma sociedade complexa... e deve cumprir períodos de isolamento e meditação. Esse é o processo que forma uma dinamite psíquica."

Steve Jobs tinha uma dinamite psíquica. Eleanor Roosevelt também. Serpico e Florence Nightingale desenvolveram uma. Não o teriam feito se seus trajetos tivessem sido mais fáceis.

Por quanto tempo você está disposto a ser incompreendido? Por quanto tempo consegue resistir sozinho? Está disposto a ser o único em sua empresa a se manifestar oficialmente? O único em seu partido a criticar? O que está disposto a suportar para ser fiel a tudo em que acredita? Para fazer o que precisa fazer?

Por motivos egoístas, Churchill poderia ter desistido, assim como você pode desistir a qualquer momento. Em 1929, Churchill tinha 54 anos. Poderia ter se aposentado. De pirraça, poderia ter se recolhido aos próprios interesses e prazeres.

Mas não fez isso.

Quando a Inglaterra finalmente o chamou, ele não estava apenas pronto para atender, mas tinha se preparado exatamente para a crise que precisava resolver. Churchill seria a carga explosiva que eles — e o mundo — precisavam.

Seguir o caminho mais difícil? Lutar pelo que você acredita? Estar disposto a sofrer por suas convicções? Tudo isso são calvários de coragem... e solos férteis para ela. Poucos líderes estão em sintonia com sua época — em geral, estão à frente. O que significa que vão olhar ao redor e descobrir que estão sozinhos. O que significa momentos iniciais de públicos pequenos e poucos apoiadores.

O que não podem fazer é moderar suas crenças por medo de serem excluídos da sociedade e na esperança de se enquadrarem.

Ninguém quer ser excluído, mas talvez seja o que precisamos (o que é, em parte, o motivo de não podermos deixar que o *medo* do resultado nos impeça de fazer o que precisa ser feito dia após dia). No fim das contas, é inevitável: se você é alguém independente, visionário ou de princípios, acabará sendo deixado de lado. Sendo afastado de seus pares. Afastado da tendência geral de seus tempos. Você pode ser demitido. Pode ser expulso de seu cargo público ou visto como um pária. Ou, na melhor das hipóteses, relevado, mas ignorado.

Você pode deixar que isso o derrote, ou pode deixar que o transforme na pessoa que o destino o está convocando a ser. Porque sabe que o trabalho que está fazendo é importante e maior do que você.

De Gaulle falou com uma afinidade especial de políticos que tinham precisado "atravessar o deserto". Ele próprio atravessou o deserto, não apenas na Inglaterra durante a guerra, mas também depois do combate. Passou doze anos afastado do poder, de 1946 a 1958, enquanto a França convulsionava e quase destruía a si mesma. Para restaurar a grandeza do país mais uma vez, De Gaulle foi chamado para suportar anos solitários, sem poder, e exilado no deserto. Mesmo enquanto a França o rejeitava, nunca abandonou a esperança de salvá-la. Tal rejeição, tal fracasso, mais uma vez, foram como sua dinamite psíquica foi formada.

Lembre-se: entre as montanhas, há o vale. Você pode ter despencado. Pode ter sido jogado para baixo. Ou, simplesmente, ter se perdido. Agora, porém, está aqui. É um ponto crítico. E daí?

Um longo deserto. Um vale desolado. Seja o que for, você precisará atravessá-lo. Precisará de paciência, de resistência e, acima de tudo, de *amor*. Não pode permitir que esse período o torne amargo. Precisa se assegurar de que faça de você uma pessoa *melhor*.

Porque as pessoas estão contando com você.

Não abandone a esperança. Não *os* abandone. Eles não sabem o que fazem. Você, por outro lado, sabe. Este deserto, esta vastidão, está aqui para que você o atravesse. É parte de sua jornada.

A luta tornará o destino ainda mais glorioso. E heroico.

A ABNEGAÇÃO DO AMOR

No verão de 1969, o capitão James Stockdale tinha 46 anos. As surras e privações brutais tinham sido duras. Ele estava lutando. Estava com medo.

Tudo o que queriam era que ele fizesse a barba, ficasse apresentável para as câmeras. Tudo o que queriam era que se sentasse com eles diante das câmeras e dissesse que tudo estava bem.

Em vez disso, James Stockdale usou a navalha que lhe deram para fazer um corte de sete centímetros na própria testa. Sentindo que não bastaria, pegou um banquinho de madeira e golpeou o próprio rosto, repetidas vezes, até mal conseguir enxergar.

Assim, começou a campanha de rebeldia contra seus agressores no chamado Hanoi Hilton.

Ele não era um prisioneiro de guerra. Era um prisioneiro *em* guerra. E estava lutando por seus homens — ainda mais do que por seu país.

No outono do mesmo ano, enquanto as torturas contra seus companheiros se intensificavam, Stockdale decidiu que acabaria com aquilo. Ele se sacrificaria pelo grupo. Ofereceria a própria vida.

Amarrado a uma cadeira, deslocou-se até a única janela com vidraça da prisão e a quebrou. Com um grande caco de vidro, cortou as artérias do pulso. "A última coisa que os norte-vietnamitas precisavam era que eu morresse", escreveu depois. "Havia um grupo muito solene de oficiais norte-vietnamitas seniores na sala enquanto me ressuscitavam. As torturas na prisão, como as que aconteciam em Hanoi, terminaram para todos naquela noite."

Portanto, Stockdale levara-se ao limite duas vezes. Não em benefício próprio. Não tinha a menor ideia se sobreviveria à tentativa de suicídio. Tinha uma esposa e filhos em casa. Tinha as próprias esperanças e sonhos. Tinha muito a perder. Contudo, estava disposto a trocar tudo pela *esperança* de aliviar o sofrimento alheio.

Os guardas não compreenderam. Achavam que conseguiriam voltar os prisioneiros uns contra os outros. Achavam que todos estariam com tanta dor e tanto medo, que não se importariam muito com o que estivesse acontecendo com outra pessoa. É aquela velha pergunta: *E eu?*.

Ficaram surpresos ao descobrir, como disse Stockdale, uma crença sincera e uma ideia tão antiga quanto as Escrituras. "A ideia de que você é responsável por seu irmão", explicou Stockdale. "Esse é o oposto de 'O que tenho a ganhar com isso?'"

Amar o próximo é uma coisa. Ser responsável por seu irmão? Sacrificar-se por ele? A Bíblia diz: "Ninguém tem maior amor do que aquele que dá a própria vida pelos seus amigos."*

Mesmo assim, temos medo de nos manifestarmos porque *nos esforçamos tanto* para chegar ao ponto em que estamos.

Um herói não é alguém que simplesmente enfrenta as intempéries sozinho. Não é você contra o mundo. Não é você *com raiva* do mundo. Trata-se do que você está disposto a fazer *pelo* mundo.

Pense em Thích Quảng Đức, enfrentando o mesmo conflito trágico em que Stockdale estava envolvido. Profundamente agoniado e enfurecido pela perseguição dos sul-vietnamitas contra os cidadãos budistas, ele decidiu que realizaria um gesto de rebeldia ainda mais inacreditável: *atear fogo a si mesmo*. Todo mundo que tenha visto a fotografia foi impactado pela coragem insana de Thích Quảng Đức, sentado imóvel e em pleno autocontrole, mesmo enquanto as chamas consumiam seu corpo.

É quase perfeito demais que a raiz da palavra "coragem" signifique "coração". O coração de Thích Quảng Đức permaneceu intacto

---

* Os apóstolos *viram* Cristo seguir o próprio conselho, dolorosamente, oferecendo a própria vida por todos. Dos doze apóstolos, acredita-se que somente um ou dois tenham morrido de causas naturais.

não só durante sua manifestação sobre-humana de resistência, como também sobreviveu ao processo de cremação subsequente. Hoje, ele é exibido como uma relíquia sagrada, um símbolo de rebeldia.

O que levaria uma pessoa a fazer algo assim? Não é puramente rebeldia. Amor. Amor é o motivo. Um amor pelos inocentes. Um amor pelo futuro, mesmo que ele próprio não chegue a vê-lo.

O amor nos torna heroicos.

Stockdale e seus companheiros prisioneiros de guerra sinalizavam uns para os outros, repetidas vezes, as letras U e S. O que significava? Estados Unidos? Não: *unidade acima do eu*.* Diziam isso uns aos outros quando se sentiam solitários, quando eram arrastados para a tortura e quando se sentavam nas celas se punindo pelo que poderiam ter dito sob tortura.

De qual unidade você faz parte?
Qual é o amor que está empoderando você?
Seu país? Uma causa? Seus companheiros?
Esse é o oposto de *E eu?*. É assim que superamos nossos limites.

---

* As letras U e S poderiam significar *United States* [Estados Unidos], o país pelo qual Stockdale e os outros prisioneiros lutavam na Guerra do Vietnã. Contudo, U e S, neste caso, significavam *Unity over Self* [unidade acima do eu]. (N. T.)

ENGRANDEÇA AS PESSOAS

A maioria das pessoas já ouviu falar de Martin Luther King Jr. Menos pessoas ouviram falar de Ralph Abernathy, que abandonou o curato, a pedido de King, para ser seu braço direito. Ainda menos pessoas ouviram falar de Stanley Levinson, que financiou muitos dos esforços de King, escreveu discursos para ele e, quando foi incriminado pelo FBI de ser uma espécie de espião comunista, rompeu de modo tranquilo e abnegado os laços com King para que nenhum mal acometesse o movimento.

"Não deixarei Martin fazer essa escolha", disse quando soube que o presidente estava ameaçando King por causa de sua ligação com Levinson. Foi um golpe extremamente doloroso, mas ele baniu a si mesmo sem hesitar, sem nenhuma queixa, recusando-se até mesmo a deixar que o amigo sofresse.

No esporte, há dois tipos de atleta: os talentos de uma geração, exemplos de excelência genética e física cujas habilidades nos surpreendem, e os que são um pouco menos talentosos, um pouco menos impressionantes de se assistir, mas sem os quais o jogo não seria possível.

Esses são os que contribuem com a partida, os parceiros, os líderes que unem as pessoas e dão ao time a *dedicação* de que precisa para vencer. John Wooden costumava dizer que não importava a altura do jogador, mas se ele parecia grande. O atleta que engrandece o time todo é mais impressionante ainda. Quando pensamos no Chicago Bulls, pensamos em Michael Jordan. Estamos nos esquecendo de Bill Cartwright, o capitão que foi o coração do time nas conquistas de seus três primeiros campeonatos consecutivos.

Abernathy e Levinson engrandeciam King. Tornavam o movimento mais forte.

Podem dizer o mesmo de você e das pessoas ao seu redor? Não deixe seu companheiro na mão — essa é a base da coragem militar. Um herói, no entanto, vai além. A essência da grandeza não é somente talento ou habilidade. Como disse Jackie Robinson, uma vida não tem sentido se não impactar outras vidas. O atleta que torna seu melhor time. Um atleta que torna o time melhor *fora* da quadra. O líder que desperta o melhor nas pessoas ao redor. O artista que inspira seu público. O soldado cuja tranquilidade é contagiosa.

É disso que estamos falando.

Longfellow capturou o verdadeiro heroísmo de Florence Nightingale em um poema. Não era apenas questão de coragem, ou das privações que ela suportou sem reclamar. A questão era o que ela fazia pelas pessoas.

> Honra àqueles cujas palavras ou feitos
> Ajudam-nos em nossas necessidades diárias
> E que, ao transbordarem,
> Nos elevam do que é baixo.

Ela *engrandecia as pessoas*. Ela as tornava melhores.

Resistindo em Termópilas com uma atitude de unidade e abnegação, os espartanos engrandeceram a Grécia, derramando seu sangue para selar uma aliança entre os Estados gregos. E até os críticos de De Gaulle precisaram admitir que ele, com sua determinação, fez a França se erguer das cinzas.

Já falamos sobre como a tranquilidade é contagiosa. Na verdade, o que estamos fazendo é pegar algo que temos de sobra — no caso de Nightingale, compaixão, no de Abernathy, coragem, e no de Levinson, perspicácia nos negócios — e distribuir entre as pessoas que precisam dessas habilidades.

Podemos fazer isso por meio do exemplo. Podemos oferecer palavras inspiradoras, como Churchill. Podemos orientar, fazer alguém que quer desistir de viver descer do parapeito. Podemos oferecer esperança, tranquilizar, aliviar o fardo e estimular a coragem. Você pode decidir tomar as atitudes desagradáveis ou difíceis que os outros não estão dispostos a tomar porque o time precisa disso. Pode ser o que diz as verdades que precisam ser ditas — para os poderosos, para o mundo, para um amigo.

Lembre-se: o transbordar começa com uma gota. Uma jogada inicia a virada do jogo. Uma palavra pode deter uma retirada... ou iniciar. Pode aplacar uma multidão ou enfurecê-la.

Qualquer um pode ser essa pessoa. Você pode oferecer o emprego, fazer a jogada, ser a gota.

Fica muito na cara perguntar de que palavra vem *encorajamento*? Longfellow falou sobre deixar marcas nas areias do tempo. Mas qual é o sentido disso, afinal? O sentido é o rastro que fica.

> Marcas que, quiçá, um outro ser,
> Da vida velejando sobre o mar solene,
> Um irmão, náufrago à deriva,
> Avistando-as, a esperança há de reaver.

Isso é o que os heróis fazem. Impactam. Fazem a diferença para os outros. Hoje e para sempre.

Não se importam se são ou não recompensados. O sucesso não é a nossa motivação. "Feliz é o homem que torna os outros melhores", escreveu Sêneca, "não apenas quando está em sua companhia, mas também quando está em seus pensamentos." Mesmo que isso nos mate, mesmo que não estejamos mais presentes para aproveitar os frutos de nosso sacrifício porque fomos demitidos, mortos ou algo até pior, ainda vale a pena. Nossa memória permanece viva nos pensamentos das testemunhas.

Foi por eles que fomos colocados aqui. Nosso dever nunca foi simplesmente *ser* os melhores que podemos ser, mas, sim, ajudar os outros a alcançar o melhor de si. Ainda que, como às vezes é o caso, esse esforço seja à nossa custa.

NÃO HÁ TEMPO PARA HESITAR

Quando o monte Vesúvio entrou em erupção, os que conseguiram, fugiram. Os que estavam distantes só podiam ver as nuvens de fumaça e cinzas. Plínio, o Velho, um almirante e cientista amador, ficou curioso de imediato. Planejava investigar. Até que chegou um mensageiro com notícias urgentes sobre um amigo preso no pé da montanha. Reunindo a frota, Plínio correu para o local em absoluto destemor para resgatar de barco todos os que conseguisse.

Ao chegar, deparou com a costa obstruída por escombros. Um timoneiro aconselhou que dessem meia-volta.

Já falamos sobre como "a sorte favorece os ousados". Você sabe de onde vem essa expressão? De Plínio, que se recusou a dar meia-volta. *"Fortes' inquit 'fortuna juvat: Pomponianum pete"*, ordenou. "A sorte favorece os ousados, siga até onde está Pomponianus", o amigo que ele queria salvar.

Alguns segundos de coragem. Nenhuma hesitação. Porque ele colocava suas obrigações com os outros acima de si mesmo.

Seu sobrinho relatou que "ele começou com um espírito de curiosidade e terminou como um herói". Tragicamente, Plínio não sobreviveu. A sorte pode *favorecer* os ousados, mas não dá nenhuma garantia. A única certeza é que, se hesitarmos no momento de crise, não realizaremos nada nem salvaremos ninguém.

Em 2008, os cabos Jonathan Yale e Jordan Haerter estavam trabalhando em um posto de guarda em Ramadi quando um caminhão-bomba avançou em disparada na direção da pequena base que eles protegiam. A apenas alguns metros, havia uma saída para um lugar seguro. Os policiais locais não hesitaram em usá-la ao perceberem o caminhão se aproximando. Os dois fuzileiros navais, que tinham se conhecido um pouco antes, avançaram e começaram a atirar. Uma tonelada de explosivos detonou enquanto eles descarregavam as armas contra o caminhão que acelerava.

Seis segundos tinham se passado entre o instante em que o caminhão entrou na via e a explosão fatal.

A cratera que marcou os últimos momentos de vida desses dois homens, que tinham apenas 20 e 22 anos de idade, tinha mais de vinte metros de largura e quase dois metros de profundidade. O general John Kelly, que entrevistou testemunhas no local, escreveu um depoimento comovente sobre o sacrifício que os heróis fizeram sem hesitar nem ponderar. "Poderiam ter fugido e, talvez, sobrevivido, mas não o fizeram. Não acho que alguém os teria chamado de covardes se tivessem. Levavam a sério os deveres e as responsabilidades de um fuzileiro naval no posto e defenderam o território antes de permitir que qualquer um — ou qualquer coisa — passasse. Perderam a vida por sua dedicação. Porque fizeram o que fizeram, somente duas famílias ficaram com o coração partido... em vez de cinquenta. Essas famílias nunca saberão quanto realmente chegaram perto de impedir o adversário naquela noite."

Apenas alguns segundos de coragem, já falamos sobre isso. É tudo o que é necessário. Também pode ser tudo o que você tem.

Sim, vou doar o dinheiro, eles precisam... mesmo que eu não tenha condições. *Sim, vou assumir a responsabilidade, alguém precisa fazer isso...* mesmo que eu possa ser preso. *Sim, vou me demitir para poder cuidar da minha mãe doente...* mesmo que eu não faça a menor ideia de quanto tempo vai levar ou do que me aguarda depois.

Se tivesse mais tempo, você pensaria demais. Encontraria um motivo. Sua autopreservação entraria em ação. Você ficaria com medo. Você paralisaria.

E como seus amigos ficam? Seus companheiros? Sua causa?

Não, você precisa ir. Precisa clicar para enviar. Precisa tirar a criança do caminho. Precisa se voluntariar. Precisa se manifestar — e nem sequer há tempo para pigarrear primeiro.

Você não pode pensar sobre o assunto. Não pode estudar as possibilidades. Não pode pedir conselhos. Porque as pessoas estão contando com você. Porque foi para isso que você foi treinado. Porque é o que a situação e o que seus ideais exigem.

Confie em seus instintos. Cumpra seu dever. Talvez dê certo. Talvez não dê. O herói faz de qualquer jeito.

Como Kelly diria sobre aqueles fuzileiros navais — foram seis segundos ali. Um segundo para entender o que estava acontecendo. Dois segundos para erguer as armas e disparar. E dois segundos cruciais para as balas fazerem seu trabalho e deterem o caminhão. Foi um instante efêmero, ainda mais curto do que o tempo que você passou lendo este parágrafo.

Seis segundos.

"Não havia tempo suficiente para pensarem em suas famílias, no país, na bandeira, ou sobre sua vida ou morte", disse Kelly depois, "mas havia tempo mais do que suficiente para dois jovens muito corajosos cumprirem seu dever... rumo à eternidade. Esse é o tipo de pessoa que está em vigília, no mundo inteiro, nesta noite. Por vocês."

Não os decepcione.

NÓS FAZEMOS NOSSA PRÓPRIA SORTE

Existe um termo que aparece em discussões das áreas de sociologia e história chamado "sorte moral". Nem todos estão em posição de revelar algum segredo de governo capaz de mudar o mundo. Ou presentes quando alguém que não sabe nadar cai na água. Nem todos os que recebem o chamado para serem enfermeiros entram em um campo tão primitivo que mesmo um pouquinho de conhecimento causa uma revolução.

Nem todos somos "sortudos" o bastante para estarmos na idade de ser militares quando Leônidas selecionou seus trezentos, ou de sermos um roteirista convocado para testemunhar contra os colegas em Hollywood, ou de ser uma feminista durante o movimento sufragista. Se quiser chamar isso de sorte...

Ao escrever sobre o estadista conde de Rosebery, Churchill observou com certa tristeza que ele vivia em "uma era de grandes homens e pequenos acontecimentos". Embora, com certeza, houvesse certa tranquilidade na era vitoriana — Rosebery viveu de 1847 a 1929 —, também é óbvio quanto tal racionalização pode ser sedutora.

Na metade do século XIX, acontecimentos importantíssimos se desenrolavam e grandes injustiças clamavam por resolução.

Onde estavam os "grandes" homens?

Os Estados Unidos só aboliram a escravidão em 1865 e o Brasil, em 1888. Durante toda a vida de Rosebery, as condições de trabalho nas fábricas da Inglaterra eram atrozes. O sistema colonialista inglês e todos os seus abusos prosseguiam com poucas objeções. O problema da Irlanda pairava ameaçadoramente sobre a política britânica, e a maioria dos líderes o considerava irremediável. Países entravam em guerra com frequência por razões insignificantes, sem qualquer preocupação com o povo. Milhões morreram de fome. Milhões sofreram abusos. Inúmeras coisas seguiram estagnadas. Naqueles anos, havia muito que *poderia* ter sido feito. Isso era verdade mesmo na época agitada de Churchill. Por que ele não fez algo para sanar o problema da fome em Bengala? Por que interpretou o chamado de Gandhi de forma tão errada? Churchill teve grandes méritos, mas não podemos nos esquecer das vezes em que ele não agiu bem. Isso continua sendo verdade hoje. Seja você quem for, onde quer que viva e o que quer que esteja acontecendo.

Um herói é uma pessoa que faz o que precisa ser feito, não somente por si próprio, mas pelos outros. Ou seja: um herói faz a própria sorte — nada simplesmente *acontece* com eles. Shakespeare dizia que encontramos o tempo enquanto ele nos procura. Contudo, assim como devemos procurar o tempo certo, também devemos buscar os momentos certos.

Não podemos ser passivos, nem esperar. Devemos nos esforçar. Como escreveu Marco Aurélio: "A verdadeira boa sorte é o que você faz por si mesmo. Boa sorte: bom caráter, boas intenções e boas ações."

Nossas mãos nunca estão tão atadas quanto pensamos. Um herói sempre pode fazer alguma coisa, sempre pode ajudar alguém.

Portanto, talvez não sejamos colocados na posição de De Gaulle, ou de Sophia Farrar, ou de Frederick Douglass. Tomara que não passemos pela situação que Pete Frates precisou enfrentar. Nosso momento pode não ser tão épico e as apostas não tão altas. Provavelmente, isso é bom. No entanto, não nos exime.

Precisamos fazer nossa própria sorte, grande ou pequena. Só porque não ouvimos uma voz, como Nightingale, não significa que não sejamos chamados a agir, em caráter regional ou global.

Amaldiçoar a escuridão ou acender uma vela? Queixar-se do mar parado ou construir um motor?

Nosso propósito surge segundo a nossa *vontade*. Nós *escolhemos* ser heróis. E, se não fizermos isso, a culpa é nossa.

MOSTRE QUE VOCÊ É DESTEMIDO

Para um homem famoso por suas apostas, aquela talvez fosse sua maior. Em 30 de agosto de 1945, o general Douglas MacArthur aterrissou no Japão. Uma década depois do ousado ataque na Coreia, a situação era igualmente terrível. A luta entre os Aliados e o Eixo tinha acabado de cessar. Em seis anos de guerra mundial, botas inimigas nunca tinham pisado em solo japonês. Todos os relatórios de inteligência advertiam sobre os perigos em toda parte. Todos os conselheiros sugeriram que ele esperasse. Mesmo assim, MacArthur avançou para o coração do território inimigo, *desarmado*. Enquanto observava sua equipe colocando pistolas no coldre antes de deixar o quartel-general com o objetivo de pegar o voo para Tóquio, ele tinha dado a ordem: "Podem tirar. Se eles pretendem nos matar, armas serão inúteis. E nada os impressionará tanto quanto uma demonstração de destemor absoluto. Se não sabem que estão ferrados, isso os convencerá."

Se você se pergunta como o Japão fez tão rapidamente a transição sem precedentes de belicista suicida para uma nação pacífica, aberta e aliada inabalável do país que a destroçou, esse dia é a resposta. MacArthur aterrissou e nunca demonstrou nenhum indício de medo ou de dúvida. Seus menores gestos eram deliberados — ele comia sem conferir se a comida estava envenenada e aboliu a corte marcial. Foi em paz. Estava completamente confiante.

Não era o mesmo que enfrentar fogo de artilharia, mas deve ter exigido ainda mais disciplina e comprometimento. Churchill disse que aquele foi o ato mais corajoso da Segunda Guerra Mundial. Ele não pensou na própria segurança nem por um momento, estava focado em alicerçar a paz e a reconstrução. Quantas vidas salvou? Quantas guerrilhas deteve? Quanta resistência foi evitada? Todas as ilhas no Pacífico tinham sido marcadas por batalhas amargas e mortais, mas Tóquio caiu sem um único tiro. A chegada de MacArthur declarou que havia terminado... e eles acreditaram. Um comandante mais temeroso jamais conseguiria ter realizado tal feito, tampouco um furioso ou vingativo.

Houve momentos — como quando davam a volta na pista de decolagem e ele colocava a cabeça para fora do avião pela primeira vez, ou quando jantava em um hotel com funcionários que poucos dias antes não teriam hesitado em matá-lo — em que MacArthur deve ter ficado apavorado? Que deve ter desejado estar de volta ao quartel-general? Óbvio, mas por seus homens, por seu país e pela paz no mundo, ele teve que colocar tudo isso de lado. Teve que mostrar total destemor. Teve que mergulhar sem hesitar.

Todo grande líder entende isso. De Gaulle também praticava o que chamava de *bain de foule* — mergulhar nas multidões de cidadãos franceses entusiásticos, banhando-se em seu espírito e amor mútuos. Da mesma forma que os auxiliares de MacArthur o tinham advertido contra sua decisão, pois se preocupavam muito com a segurança de seu líder, De Gaulle sabia que era exatamente por ser tão arriscado que deveria ser feito.

A decisão de andar pela Champs-Élysées depois da libertação, mesmo com atiradores de elite à espreita e incêndios ainda ardendo, ajudou a libertar a França. Deu tração — sob um risco enorme à própria vida — a um relacionamento com o povo francês de que ele dependeu pelo resto da carreira. Deu à França a coragem que ainda a sustenta.

Um líder não pode ficar escondido em uma torre de marfim ou atrás das muralhas fortificadas de um castelo. Não pode se proteger de todos os perigos e riscos enquanto permite que seus seguidores, funcionários ou soldados sofram as consequências do que o mundo atira contra nós.

Não, um líder deve arriscar a própria pele. Quer isso signifique investir o próprio dinheiro na firma em um momento de extrema dificuldade, andar em carros conversíveis à vista de todos, manter a porta do escritório sempre aberta ou compartilhar, de modo vulnerável, o que outros esconderiam — pois a conexão forjada por tais gestos proporciona muito mais segurança do que evitar todos os riscos. O chefe pega o microfone e responde a todas as perguntas hostis da multidão — até mesmo as constrangedoras sobre seus erros, assumindo até mesmo erros que não foram dele. O chefe não pode ficar na retaguarda; precisa conduzir as tropas na batalha. Pais não *dizem* aos filhos para simplesmente encararem seus medos, precisam também mostrar o que significa fazer isso nas próprias vidas.

Você deve se importar com as pessoas sob seus cuidados. Deve colocá-las em primeiro lugar. Deve *mostrar* a elas com suas ações. Chame-as para algo maior.

Quando Martin Luther King Jr. foi para a cadeia, seus seguidores viram que ele era mais do que somente um pastor que pregava sermões. Ele estava *com* eles. Arriscou a vida *por* eles. Era *um* deles.

Não podemos ter medo, ou não seremos capazes de fazer o que precisa ser feito. É também por meio desse destemor — a determinação em representar a causa, em carne e osso, contra todos os perigos — que mostramos a todos que eles também ficarão bem.

O líder se arrisca *por* nós. Dá um passo à frente. Sua coragem é contagiosa.

QUAL PREÇO VOCÊ ESTÁ DISPOSTO A PAGAR?

"Antes vermelho do que morto", afirmou Bertrand Russell. Não devemos julgar a coragem das pessoas, mas essa frase, dita não somente da segurança da torre de marfim, mas, muito provavelmente, no caso do promíscuo Russell, também da cama da esposa de outro homem, é o ápice da covardia.

Para Russell, pelo jeito, a vida era mais importante do que a dignidade. Nenhum princípio valia mais do que a autopreservação. Ele preferiria apoiar o totalitarismo soviético a morrer.

Desde Epicuro, alguns filósofos questionaram por que uma pessoa daria a própria vida pela de outra em qualquer circunstância. Questionaram a lógica de se arriscar por uma causa, sem falar a de morrer por uma. Questionaram qual é o problema em ser um puxa-saco, se isso garantir que você continuará a respirar. De que valem princípios se lhe custarem a vida?

Há uma lógica. Só que é uma lógica patética.

O filósofo (mais corajoso) John Stuart Mill reconheceu que a guerra era algo horrível — a ambição também pode ser horrível —, mas, de acordo com ele, "um estado apodrecido e degradado de sentimento patriótico que acha que nada justifica uma guerra é muito pior". Você precisa se importar o bastante para estabelecer os limites em algum ponto, e fracassar nisso é, no fim das contas, muito mais horrível do que os excessos da história.

A boa notícia é que, no fundo, sabemos que há coisas muito piores do que morrer. É por esse motivo que admiramos os heróis, famosos ou não, que lutaram e desafiaram, que apostaram e fizeram sacrifícios por aquilo em que acreditavam.

Catão deu a vida para resistir a Júlio César. Trásea e Sêneca se opuseram a Nero. Os espartanos preferiram lutar como homens livres a viver como escravos ricos sob o domínio de Xerxes. Reconhecemos a grandeza de Sócrates pelo fato de que ele poderia ter escapado, fugido da prisão por meio de suborno, mas não o fez. E a grandeza de Jesus também.

Façamos uma pausa por um momento para homenagear alguns heróis menos conhecidos: os negros anônimos que foram espancados, que perderam o emprego e tiveram os empréstimos cobrados antes da data estipulada, mas, ainda assim, registraram-se para votar. Os inúmeros casais inter-raciais que contraíram matrimônio em rebeldia contra os nazistas ou o apartheid. Lori Gilbert-Kaye, uma mãe de sessenta anos, que, em um tiroteio em massa ocorrido em 2019, se jogou na frente de seu rabino, protegendo-o da morte à custa da própria vida. Leonard Roy Harmon, um cozinheiro negro em um navio da Marinha que protegeu com o próprio corpo os evacuados feridos em Guadalcanal, morrendo por um país que ainda o privava ilegalmente de seu direito de votar e de viver livre. Anne Dufourmantelle, a filósofa francesa que morreu resgatando duas crianças que se afogavam quando estava de férias. Wilfred Owen, o poeta citado neste livro, que retornou à ativa na Primeira Guerra Mundial depois que seu amigo e colega de profissão, Siegfried Sassoon, foi gravemente ferido. Como Bertrand Russell, Owen era um pacifista, mas sentiu que *alguém* deveria documentar os horrores da guerra. Morreu em batalha apenas uma semana antes do armistício, em uma guerra à qual se opunha, mas cumprindo um dever que acreditava ser dele.

"Devemos estimar o corpo com o máximo de cuidado", disse Sêneca. O mesmo vale para nossa profissão, nossa posição, a vida que construímos para nós mesmos. "Também devemos estar preparados para quando a razão, o respeito próprio e o dever exigirem o sacrifício de entregá-lo até mesmo às chamas."

Dissemos anteriormente que o medo pergunta: "Mas e se...?" Trata-se de uma preocupação sobre o custo, principalmente para nós mesmos. Um herói não pensa assim. Aceita o preço que o dever de fazer a coisa certa exige.

Pense em um líder que está envelhecendo e se aposenta a fim de dar espaço para a próxima geração — como o general Mattis tentou fazer em 2016, ou Lou Gherig, assim que sentiu sua capacidade física se deteriorar. Pense em um político que condena o próprio partido para aprovar uma lei necessária — como Lyndon Johnson assinando a Lei dos Direitos Civis. "Acho que acabamos de entregar o Sul para os republicanos", disse. Pense no artista que ofende sua audiência ou seu patrocinador para perseguir um chamado artístico — no auge da carreira, Norman Rockwell abandonou o trabalho obscenamente lucrativo como capista do *Saturday Evening Post* em busca de mais liberdade artística... a qual usou de imediato para pintar suas obras mais impressionantes e comoventes sobre o racismo nos Estados Unidos. Estima-se que o posicionamento contra a convocação para a Guerra do Vietnã custou a Muhammad Ali mais de dez milhões de dólares de salário.

Durante a pandemia de Covid-19, algumas empresas estavam dispostas a se sacrificar pela saúde pública, enquanto outras não. Parece uma permuta óbvia, mas se fosse tão óbvia, todos a teriam feito.

Já falamos sobre a coragem de líderes de empresas que fazem escolhas difíceis, mas, talvez, a escolha mais difícil para uma companhia seja tomar uma decisão que priorize as pessoas, e não o lucro. Reed Hastings precisou ser corajoso para fechar seu negócio de DVDs, mas teria sido mais corajoso se tivesse enfrentado o governo da Arábia Saudita quando este exigiu a remoção de um programa controverso da Netflix que o criticava por assassinar um jornalista dissidente. Em vez disso, pensando no valor de suas ações, Hastings explicou: "Não estamos tentando 'enfrentar o poder por meio da verdade'. Estamos tentando entreter..."

De que adianta ser bilionário se você não pode usar o dinheiro para assumir um posicionamento direto contra o *desmembramento de integrantes da imprensa*?

Todas as empresas, assim como as pessoas, possuem deveres conflitantes. Contudo, no fim das contas, há coisas mais importantes do que o dinheiro, e nós, enquanto seres humanos, respondemos a algo além da diretoria da empresa, como quando a rede de drogarias CVS parou de vender cigarros, embora produtos de tabaco rendessem à cadeia cerca de dois bilhões de dólares por ano. Não é o mesmo que Jonas Salk abrindo mão de patentear a vacina contra a pólio, mas é notável. E realmente fez diferença. Como os clientes não compravam em outro lugar, muitos deles simplesmente pararam de fumar. As vendas de tabaco caíram em toda a indústria — mesmo sem nenhum outro grande varejista ter feito o mesmo — só porque uma rede estava disposta a sacrificar o faturamento pelo que era certo.

Sofrer as consequências por outra pessoa, por outra coisa. É o que os heróis fazem. Um covarde pensa em si mesmo.

A coragem nos obriga a perguntar "Se não agora, quando?" e "Se não eu, quem?". A coragem nos pressiona a sermos ousados. Também pergunta: e se todos fossem egoístas? Como seriam as coisas? A coragem nos estimula a apostarmos em nós mesmos, a desbravarmos um caminho não convencional. Mas não podemos nos esquecer de que o outro lado da pergunta de Hillel é igualmente importante. "Se eu for somente por mim, *quem sou eu?*"

Resistimos à atração insidiosa do niilismo, afirmamos o livre-arbítrio acima da sorte e do destino, mas por quê? Não pode ser apenas por nossa sobrevivência. Certa vez, a poetisa Maya Angelou disse que coragem é defender a si mesmo *e* os outros.

É o que estamos fazendo. Na verdade, *é por esse motivo que estamos aqui.*

A GRANDE QUESTÃO

Desafiar as objeções dos pais e o julgamento da sociedade, viver no deserto, atender ao chamado? Sabemos que isso exigiu uma coragem imensa de Florence Nightingale, assim como exigiria de qualquer garoto ou garota em uma cidade pequena para tentar realizar seus sonhos na cidade grande.

Imagine os agentes e anunciantes tentando convencer Michael Jordan a não trocar o basquete pelo beisebol. Quando Jeff Bezos explicou ao chefe, em Wall Street, a ideia da Amazon, o chefe o levou para caminhar e disse: "É uma boa ideia, mas seria melhor para alguém que já não tenha um emprego."

Será que admiraríamos tanto Florence se o propósito de seu rompimento tivesse sido apenas adotar a vida de uma boêmia do século XIX? Se Pat Tillman tivesse abandonado o futebol americano para se tornar um investidor em capital de risco? É preciso ser corajoso para se desviar do caminho convencional, mas é heroico fazê-lo por razões abnegadas.

Maya Moore chegou ao topo em sua área. Conquistou quatro anéis da WNBA. Foi seis vezes All-Star. Tem um título de pontuação e um de bolas roubadas, além de ter sido nomeada a Novata do Ano e ter recebido um John Wooden Award.

Então ela fez uma pausa e foi embora. Não para ganhar mais dinheiro na televisão nem para descansar do trabalho, e sim para libertar um homem que fora preso injustamente. E conseguiu! Hoje, estão casados.

David Brooks fala sobre a "segunda montanha" — a que nos esforçamos para escalar por razões além do amor corajoso por um bom desafio ou pelas recompensas que vamos ganhar ao desafiar as probabilidades que detiveram outras pessoas. A montanha que escalamos depois de enfrentar as dificuldades da primeira montanha e nos darmos conta de que apenas ser bem-sucedido não é tão satisfatório assim.

Separamos coragem de heroísmo, em parte, por conta dessa diferença. Não é somente pela causa, existe algo totalmente distinto em se dedicar a algo que pode estar *em conflito* com seu interesse próprio.

Quanto maior o sacrifício, maior a glória. Mesmo que as realizações não pareçam tão notáveis...

... a mãe que abandona seu sonho para cuidar do filho doente;

... o imigrante que veste um uniforme todo dia apesar de seu diploma estrangeiro em medicina;

... o funcionário que se demite de um emprego bem-remunerado ou abandona um status elevado em uma indústria que ele acredita que esteja tornando o mundo um lugar pior;

... a pessoa cuja reputação sofre injustamente um massacre público enquanto ela protege, em silêncio, outra pessoa.

A decisão de Moore significava renunciar a milhões de dólares, a aparecer na televisão e aos melhores anos de sua carreira. O que era *certo* podia lhe custar tudo o que tinha... e ela mesmo assim fez isso.

As pessoas duvidaram dela, a criticaram. É óbvio que não era consenso que o homem que ela queria libertar era inocente — caso fosse, a batalha legal não teria durado tantos anos. Ela enfrentou essa possibilidade. Os resultados não eram previsíveis. Ela poria em risco o futuro de sua carreira e de sua vida.

Em seus últimos dias, De Gaulle refletiu: "Caráter está acima da capacidade de ignorar insultos ou ser abandonado pelo próprio povo. Deve-se estar disposto a perder tudo. Não existe risco parcial."

Essa também é uma excelente definição de heroísmo.

VOLTAR AO VALE

Em 1939, Dietrich Bonhoeffer chegou em segurança aos Estados Unidos. De seu púlpito, observara com horror a ascensão de Hitler, e agora estava a salvo. Contudo, quase imediatamente depois de chegar ao porto de Nova York, começou a se arrepender. Só conseguia pensar na Alemanha, nas pessoas que deixara para trás e em como poderia ser útil. Era como estar de férias enquanto seu país ardia em chamas. Finalmente, decidiu: ele iria voltar. "Cheguei à conclusão de que cometi um erro ao vir para os Estados Unidos", explicou. "Devo suportar este período difícil de nossa história nacional com o povo da Alemanha. Não terei nenhum direito de participar da reconstrução da vida cristã na Alemanha depois da guerra se não enfrentar os desafios deste momento com meu povo... Os cristãos precisarão encarar a terrível alternativa de ou desejar a derrota de sua nação para que a civilização cristã sobreviva, ou desejar a vitória de sua nação e, com isso, destruir a civilização. Sei o que devo escolher, mas não posso fazer tal escolha estando em segurança."

Enquanto Hitler mergulhava a Europa em guerra, Bonhoeffer mergulhou por vontade própria em uma guerra particular contra Hitler, embora talvez sentisse, ou até mesmo soubesse, que voltar significava ir ao encontro da morte.

No fim das contas, ele foi detido, preso e enforcado por conspirar contra Hitler, depois de chegar muito perto de conseguir assassinar o maior monstro da história. A inscrição em monumentos que homenageiam Bonhoeffer e seus coconspiradores diz simplesmente: "Em resistência à ditadura e ao terror, deram a vida pela liberdade, pela justiça e pela humanidade."

Os imigrantes e refugiados precisam de uma coragem arrebatadora. É difícil abandonar o próprio lar e tentar proporcionar uma vida melhor à família. Entretanto, assim como é o destino de alguns atravessar oceanos e desertos, nosso destino pode ser *ficar*, literal ou figurativamente.

A mãe de Frank Serpico procurou um lugar melhor no outro lado do agitado oceano Atlântico. Serpico, nos Estados Unidos, enredado na corrupção do Departamento de Polícia de Nova York e na cultura tóxica que a permitia, deve ter fantasiado inúmeras vezes sobre se demitir. Mas ficou e lutou... mesmo depois de atirarem em seu rosto por ter testemunhado.

Disse: "Por que deveria me demitir, se não estou fazendo nada de errado?"

Alexei Navalny ficou na Rússia apesar dos grandes riscos políticos e pessoais. Xu Zhiyong poderia ter dado um jeito de deixar a China, mas não o fez. É sempre um pouco desconcertante para quem está de fora quando esses dissidentes são, por fim, presos. Ou, no caso de Navalny, quase assassinado, para, depois de se recuperar e voltar para se despedir da esposa enquanto ela secava as lágrimas, enfrentar uma paródia de justiça enquanto continuava a lutar pela alma de seu país.

Por que eles não foram embora?

A resposta, como costuma ser o caso com os delatores, é que eles acreditavam que poderiam fazer um bem maior ficando do que no exílio. Estavam dispostos a correr riscos. Sabiam como os poderes estabelecidos reagiriam, e foram corajosos o bastante para mesmo assim resistir. Perguntaram ao cantor e ativista social Paul Robeson por que ele não tinha saído dos Estados Unidos racistas para viver mais confortavelmente na Europa, e ele respondeu: "Porque meu pai foi escravizado e meu povo morreu para construir este país, e eu vou ficar bem aqui e fazer parte disso [...] Nenhum fascista vai me fazer mudar de ideia."

Esse é o motivo por que vamos trabalhar todos os dias, mesmo quando não somos desejados. Mesmo que seja perigoso. Não somos nós que estamos errados, então por que deveríamos ser expulsos? Se outras pessoas querem partir, se demitir, se outras pessoas decidiram que não há futuro... saiba que você não precisa concordar. Pode ficar. Pode voltar. Na verdade, essa pode ser a atitude mais corajosa a ser tomada.

Quando nos sacrificamos como Robeson se sacrificou, como Navalny se sacrificou, chamamos outras pessoas para seguir o exemplo, quer seja se recusando a abandonar um amigo cuja crise pessoal o tornou tóxico ou se atendo a uma linha de pesquisa a qual sabemos que renderá frutos, mesmo que todos tenham perdido a fé. Deixe que os outros fujam — não seremos dissuadidos tão facilmente. Não abandonaremos nosso partido político nem nossa cidade natal, vamos ficar e resolver o problema. Porque sabemos que é a coisa certa a se fazer.

Durante o boicote aos ônibus, enquanto a polícia fechava o cerco, Martin Luther King Jr. escapou em segurança para Atlanta. Estava livre. Estava a salvo. O pai dele e outras pessoas imploraram para que ficasse, liderando a causa de longe, mas King respondeu: "Preciso voltar para Montgomery. Eu seria um covarde se permanecesse afastado. Não poderia viver comigo mesmo se ficasse aqui escondido enquanto meus irmãos e irmãs são presos em Montgomery." Esse era o comprometimento de sua vida. Depois que se tornou um homem marcado, poderia ter permanecido no Norte, liderando o movimento dos direitos civis e vivido até envelhecer. Em vez disso, como diria repetidas vezes em seus discursos, "voltaria para o vale". Sua missão o obrigava... e seu destino o guiava.

Às vezes, recebemos o chamado para partir. Mas, às vezes, o destino exige que fiquemos — que voltemos voluntariamente para o perigo — e lutemos. Por nossos empregos, por nossas causas ou por nossa vida. Por nossa família. Por nossos vizinhos.

E heróis lutam, mesmo que haja um enorme custo para si mesmos.

SILÊNCIO É VIOLÊNCIA

Um dos conspiradores contra Nero foi capturado e interrogado: *Por que você fez isso?*

O soldado respondeu ao imperador, que fora consumido por seus fantasmas e suas ilusões: "Porque era a única maneira que eu tinha de ajudar você."

Você ouve a mesma coisa sendo dita a delatores, pessoas que dizem verdades difíceis e ativistas de todo tipo. *Por que está agindo assim? Não vê o problema que está causando? Você precisa fazer tanto caso? Por que não nos deixa lavar nossa própria roupa suja?*

A resposta é: porque eles amam demais. Porque se importam demais. Porque se importam com "isso" mais do que se importam consigo mesmos. E não dizer nem fazer nada é, na verdade, um mal muito maior do que os problemas provocados por ser tão insistente e por trazer tanta atenção pública para um assunto desagradável.

Em um momento crítico da Guerra da Coreia, um jovem assistente se manifestou para o secretário de Estado, Dean Acheson. Estava preocupado com o fato de as ordens dadas a MacArthur, elaboradas pelo Estado-Maior Conjunto dos Estados Unidos, serem vagas demais e de que a indefinição criasse uma oportunidade para MacArthur intensificar a guerra sem necessidade. Acheson, muito ocupado e aflito, respondeu: "Pelo amor de Deus, quantos anos você tem? Está disposto a enfrentar o Estado-Maior?"

O assistente, que tinha somente 32 anos, não estava. Portanto, não levou as objeções adiante. Sua carreira era mais importante.

Apenas alguns dias depois, os chineses, impelidos pelas atitudes agressivas de MacArthur, invadiram a Coreia. Foi quase o começo da Terceira Guerra Mundial.

Quando nos recusamos a nos envolver e a colocar nós mesmos ou nossa reputação em risco, precisamos compreender que não é apenas nossa carreira ou nossa vida que está em jogo. Há dois mil anos, muito antes da famosa citação sobre do que o mal precisa para prevalecer, Marco Aurélio estava lembrando a si mesmo de que "também se pode cometer uma injustiça ao não se fazer nada".

Você consegue imaginar um mundo em que Florence Nightingale *não* tivesse revolucionado a enfermagem porque não queria irritar os pais nem enfrentar os burocratas no comando? Em que De Gaulle permanecesse na equipe de Pétain e os espartanos não se defendessem em Termópilas por terem conseguido um bom acordo? Poderíamos não estar aqui se eles tivessem decidido colocar a si mesmos em primeiro lugar, se tivessem permanecido calados.

Com certeza não estaríamos aqui se não fosse pelos sacrifícios cumulativos dos artistas que enfrentaram a censura, dos cientistas que desafiaram a Igreja, dos inventores que fizeram advertências públicas e dos manifestantes que seguiram em frente apesar das turbas e dos cães.

É digno de nota que nem todas essas pessoas sobreviveram às suas jornadas corajosas.

A infeliz realidade é que, às vezes, a coisa certa é uma missão camicase, em geral não de modo literal, mas figurado. Às vezes, nossa lança deve ser quebrada contra o escudo. Às vezes, devemos estar dispostos a ir até o fim. Devemos estar dispostos a perder o emprego, o cliente e uma boa reputação, a romper com nossos amigos e a fazer o sacrifício.

É óbvio que é assustador. Estamos enfrentando o medo e o instinto de autopreservação.

Mas temos cultivado a coragem por um motivo. Não só para que possamos ser um pouco mais bem-sucedidos. Não só para que possamos experimentar as coisas que a vida tem a oferecer, as experiências que existem do outro lado do medo.

Cultivamos a coragem para que possamos fazer um trabalho importante com o qual as pessoas estão contando.

Como disse Martin Luther King Jr., "chega um ponto em que o silêncio é traição".

Ele sabia por experiência própria. Porque ele estava em débito com Kennedy pelo telefonema que o salvou de cumprir pena de trabalhos forçados acorrentado a outros prisioneiros ou de um linchamento ao quebrar o silêncio, mas também com o sargento Shriver, cunhado de Kennedy, que o pressionou para tomar uma atitude. Vários membros da campanha de Kennedy o tinham advertido para que não interviesse. Kennedy fora contido pelas advertências. Shriver decidiu que valia a pena arriscar tudo para ser ouvido. "Nunca tiro vantagem de minha ligação familiar nem peço favores, mas você está errado, Kenny", disse ao conselheiro chefe de campanha de Kennedy. "É importante demais. Quero algum tempo a sós com ele."

Em um quarto de hotel, com os privilégios e a reputação em jogo, Shriver conseguiu apelar para o senso moral de Kennedy. Insistiu até fazê-lo perceber, ainda que tivesse sido avisado: "Se der certo, você não receberá nenhum crédito; se não funcionar, levará toda a culpa." Na verdade, esta foi a sua recompensa: primeiro, levou uma bronca por estar arriscando a campanha de Kennedy... e, depois que os resultados da eleição provaram que estava certo, seu papel foi esquecido de imediato. Somente desvantagens, nenhuma vantagem... mesmo assim, ele enfrentou a situação com coragem.

É heroico aceitar um acordo tão ruim.

Se não fizermos a coisa certa, quem fará? E se alguém não a fizer, quantos sofrerão?

Não podemos ficar em silêncio. Não podemos permanecer passivos.

Precisamos estar dispostos a enfrentá-los.

É a única maneira de ajudar.

A AUDÁCIA DA ESPERANÇA

Em 1961, John Lewis foi nocauteado por tentar usar uma sala de espera "só para brancos" em um terminal de ônibus na Carolina do Sul. Foi um dos muitos espancamentos absurdos que Lewis sofreu em suas corajosas campanhas como um Viajante da Liberdade e ativista pelos direitos civis. Essa, como todas as outras, poderia facilmente ter sido a que partiria seu coração e seu espírito. Ele estava esperando só o mínimo de decência humana, e as pessoas o estavam tentando matar por isso. Na verdade, muitos amigos e um número grande demais de crianças inocentes já haviam sido e ainda seriam brutalmente assassinados por ousar insistir em seus direitos constitucionais.

Como alguém poderia não ser afetado por aquilo? Como alguém poderia não desistir? Contudo, 48 anos depois, Lewis teve a oportunidade de encontrar pessoalmente seu agressor, um homem chamado Elwin Wilson. Porque Wilson estava pronto para se desculpar.

O mais surpreendente é que Lewis estava disposto a desculpá-lo.

A maioria de nós desistiria da humanidade depois do primeiro, do quarto ou do décimo quinto espancamento. Quantas vezes aguentaríamos ser encarcerados? (John Lewis foi preso 45 vezes!) Quantos anos sem progresso algum conseguiríamos suportar? Não seria normal sentir raiva e desespero?

Amor? Compaixão? Otimismo? Baixar a guarda de novo? Nem pensar.

A coisa mais louca e mais corajosa que você pode fazer neste mundo terrível é manter a esperança.

Porque há muitos motivos para não manter:

A dor.
Os fracassos.
Os homens bons que são punidos.
O desfile implacável de cobiça e de egoísmo, de estupidez e de ódio.*
É muito fácil se perguntar "Qual o sentido disso?".
Porque, se desistirmos, perderemos.
Não dá para vencer uma batalha ou realizar uma mudança se você já desistiu.

John Lewis recusava-se a desistir. Com Elwin Wilson em seu escritório, ele escreveu uma dedicatória em um livro para seu antigo agressor. "Para Elwin Wilson: com fé e esperança. Realize seus desejos."

Havia um motivo para aquela fé. Acreditar em algo torna mais fácil acreditar nas pessoas. É o que ajuda você a suportar a dor e as limitações. Além disso, será que alguém poderia ter imaginado um detalhe mais perfeito do que o fato de que o nome do meio de Wilson era *Hope*?**

"Trabalho, amor, coragem e esperança, façam-me boa e me ajudem a suportar", a jovem Anne Frank escreveu para si mesma. Se ela não desistiu da humanidade, nem mesmo em um *sótão*, escondida das tropas de choque nazistas, que desculpa nós temos?

Não estamos falando de uma esperança específica: *Ah, isto terá terminado em dezembro. Ah, estamos prestes a superar a parte mais difícil. Ah, toda a minha dor desaparecerá em um passe de mágica.* A esperança deve ser mais profunda. É a esperança de Shackleton de que conseguiria sobreviver apesar de serem mínimas as chances e retornaria para resgatar os homens de sua expedição. A esperança de De Gaulle, de que, embora estivesse sozinho, no fim das contas, se seguisse em frente, em dado momento, não estaria mais. É essa esperança que pode concretizar um desejo.

---

* É engraçado pensar no fato de que os niilistas, que já não têm nenhuma expectativa, sempre parecem tão extremamente decepcionados com as pessoas.
** Esperança, em inglês. (N. T.)

Mesmo depois do divórcio, mesmo depois do assalto, mesmo depois do fracasso inesperado e da falência subsequente, não podemos desistir — das pessoas, da fé em um futuro melhor. *Eu me recuso a aceitar que a justiça está falida. Eu me recuso a aceitar que o homem é irredimível. Eu me recuso a aceitar que não posso melhorar a situação. Não vou parar até criar algum sentido a partir do sofrimento.*

Não acreditar na esperança é uma desculpa insatisfatória. É niilismo, como já explicamos, um péssimo motivo para não precisar se importar nem tentar. Mas a esperança? A esperança é uma obrigação. Também é uma luz. A esperança é uma coisa com plumas, disse Emily Dickinson. Ela se empoleira em nossa alma. Ela nos guia pela tempestade. Ela nos mantém aquecidos. Ela nunca pede nada de nós.

Mas não é bem assim. A esperança pede coragem *e ainda mais.*

Carregamos o fogo, sob o risco de nos queimarmos. Temos bom humor, apesar do horror e do desespero. Mantemos o coração aberto, depois de o terem partido. Avançamos, ignorando as probabilidades terríveis.

A esperança nos empodera e, disseminando-a, realizamos um ato heroico.

Lembre-se: líderes são comerciantes de esperança. Ninguém quer viver em um mundo sem um amanhã, sem um motivo para continuar, sem algum ponto no horizonte em que mirar. E, se quisermos isso, precisaremos *fazê-lo.* Por eles e por nós mesmos, heroicamente.

Seja lá o que façamos, não podemos nos render à amargura. Devemos rejeitar a heresia do desespero. Não podemos desistir de nós mesmos nem das outras pessoas. Precisamos contar uma história a nós mesmos — sobre o mundo, sobre nossa vida — que enfatize o livre-arbítrio, o progresso e a chance de redenção.

Temos que nos agarrar às últimas esperanças. Essa é a semente de toda grandeza.

É o segredo para um futuro melhor.

VOCÊ TEM QUE QUEIMAR A BANDEIRA BRANCA

~

Resistência é uma coisa. Recusar-se a se render é outra. Existe uma história que diz que, enquanto Epicteto estava sendo torturado por seu mestre — o qual esperava que ele lhe implorasse para parar —, o avisou tranquilamente, repetidas vezes, que uma das suas pernas estava prestes a se quebrar. Por fim, ela se quebrou. "O que eu falei?", disse ele.

É esse comprometimento, essa perseverança, que transcende a simples resistência. Epicteto não conseguiria nem deixaria seu espírito ser destruído, não cederia à amargura nem ao desespero. E foi assim que acabou sobrevivendo a trinta anos de escravidão e, para completar, a um exílio.

Catão não só se recusava a se render a César enquanto lutava para preservar a República romana, também exigia que ninguém pedisse perdão nem clemência por ele. Pois significaria que havia sido derrotado — que havia sido sobrepujado pelas forças da tirania, e não era o caso.

Esse é o papel de um herói. Ele não queima somente os barcos atrás de si... mas também a bandeira branca.

Em seu famoso discurso "Liberdade ou morte" — inspirado por Catão e sua resistência —, Emmeline Pankhurst descreveu esse tipo de comprometimento.

Enquanto as mulheres consentirem em ser governadas injustamente, podem o ser, mas as mulheres estão sendo diretas ao dizer: suspendemos o consentimento, não seremos mais governadas enquanto este governo for injusto. A mulher mais fraca não pode ser governada nem sequer pelas forças de uma guerra civil. Você pode matá-la, mas depois ela escapa; você não a pode governar. Não há poder capaz de governar um ser humano, por mais fraco que ele seja, quando essa pessoa recusa dar seu consentimento.

Embora algumas situações possam exigir uma revisão da estratégia, *nós nunca, jamais, nos rendemos.*
Podem excluir você.
Podem acorrentar você.
Podem confiscar sua propriedade.
Podem humilhar você na imprensa.
Podem atacar você nos tribunais.
Podem investir todo o poder e recursos corporativos contra você.
Podem banir você para uma rocha no meio do oceano.
Podem tirar muitas coisas de você, mas enquanto você estiver vivo, não podem *obrigá-lo* a desistir.

Manifestantes incendiaram o ônibus em que os Viajantes da Liberdade estavam. Você sabe o que eles fizeram? *Embarcaram no ônibus seguinte.* Levaram pontos no hospital e seguiram em frente. Porque estavam lutando por uma causa.

"Se você vir o presidente", disse Grant a um jornalista enquanto pressionava Lee, "diga a ele por mim que, aconteça o que acontecer, não haverá volta." Ele não tinha certeza de que venceria, mas estava afirmando, como os espartanos, que voltaria com seu escudo. Ninguém pode prometer verdadeiramente a vitória; portanto, o juramento de Grant era dar o máximo de si — inclusive a própria vida.

"Os estoicos minimizam ferimentos físicos, mas isso não é jactância", escreveu Stockdale. "Estão comparando isso à agonia devastadora da vergonha que acreditavam que bons homens sofriam quando sabiam no coração deles que tinham fracassado em cumprir seu dever diante de seus companheiros ou de Deus."

O herói extrai seu poder verdadeiro da alma. Não se trata de quem tem o maior exército, as armas mais letais, o caso mais forte ou o maior orçamento. Aquele que nunca desistir será o vencedor, se não agora, então mais tarde, se não nesta vida, então na próxima. *Si succiderit, de genu pugnat.* Se suas pernas falharem, ele continuará lutando de joelhos. Ainda assim, ele se ergue, mesmo que não seja possível.

Churchill não tinha *certeza* de que a Inglaterra conseguiria resistir. Ninguém poderia ter. Ele tinha certeza de como *ele* reagiria se os nazistas chegassem. "O que devemos fazer?", perguntou sua nora, e ele respondeu: "Nada a impede de pegar uma faca de carne da cozinha e levar alguns daqueles canalhas com você."

Ninguém está dizendo que, no fim das contas, não podem vencer você, apenas que se render é uma escolha. Desistir de sua causa é sua responsabilidade.

Resistir até... que não reste nada.

Hemingway nos lembra de que, embora seja muito possível ser destruído — pela vida, pelo inimigo, por uma fatalidade —, ninguém pode nos *derrotar*. Essa é uma escolha nossa. O poder de decisão é nosso. Só podem nos derrotar quando desistimos. A única maneira de perder é abandonar a coragem.

A derrota é uma escolha. Os corajosos nunca a escolhem.

NINGUÉM É INVENCÍVEL

Pensamos que coragem significa ser invencível. Mas não. Coragem significa se levantar de novo quando você é derrotado. Porque seus filhos estão observando. Porque a causa precisa de você. Porque você não deixará o mal triunfar. Coragem significa se recompor para fazer o que precisa ser feito, por você e pelos outros.

Mas alguns de nós têm medo. Não medo de seguir em frente, mas medo de ser vulnerável o bastante para admitirmos que estamos feridos, que precisamos de reparos, que sofremos um contratempo.

Em uma das passagens mais belas de Hemingway, ele escreve:

> Aos que trazem coragem a este mundo, o mundo precisa quebrá-los para conseguir eliminá-los, e é o que faz. O mundo os quebra, a todos; no entanto, muitos deles tornam-se mais fortes, justamente no ponto onde foram quebrados. Os que não se deixam quebrar, no entanto, o mundo mata. Mata aqueles que são muito bons, muito gentis, muito corajosos — indiferentemente.

O mundo é cruel e hostil. Um lugar que, durante pelo menos 4,5 bilhões de anos, nunca foi derrotado. De espécies inteiras dos maiores predadores a Hércules e ao próprio Hemingway, tem sido o lar de criaturas incrivelmente fortes e poderosas. Mas onde estão elas agora? Se foram. Viraram pó. Um número grande demais se foi antes da hora, desnecessariamente até.

Porque confundiram força com resiliência.

O estoicismo — uma coragem bem profunda — ajuda você a se recuperar quando o mundo o derrota, e torna você ainda mais forte.

Os estoicos se curam concentrando-se no que podem controlar: a reação. O reparo. O aprendizado. Preparando-se para o futuro. Fazendo a diferença para os outros. Pedindo ajuda. Mudando. Sacrificando-se por um bem maior.

Essa não é uma ideia exclusiva do Ocidente. Existe uma forma de arte japonesa chamada *kintsugi*, que data do século XV e consiste nos mestres consertarem pratos, xícaras e tigelas quebradas, mas, em vez de simplesmente fazê-las recobrar o estado original, eles as melhoram. As peças quebradas não são coladas, mas fundidas com uma laca especial misturada com ouro ou prata. Diz a lenda que essa arte foi criada depois que uma tigela de chá quebrada foi enviada à China para ser consertada. Contudo, a tigela que foi devolvida era feia — a mesma de antes, mas rachada. A ideia do *kintsugi* é transformar as cicatrizes de itens quebrados em algo belo.

Esta é a pergunta que o mundo faz às vezes. Sabe que somos corajosos; portanto, quer saber: morte ou *kintsugi*? Você encontrará uma maneira de se tornar mais forte nos lugares quebrados? Ou ficará preso aos moldes antigos e acabará estilhaçado?

Um herói se levanta de novo. Um herói se cura. Um herói cresce. Por si mesmo e pelos outros.

Audie Murphy finaliza suas memórias com essa ideia. Ele fora seriamente afetado pela guerra. Sabia disso. Viu coisas que não deveria precisar ver. Assim como muitos veteranos, ele sofre de transtorno de estresse pós-traumático. No entanto, decide que isso não o definirá. "De repente, a vida nos encara", escreveu. "Juro para mim mesmo que estarei à sua altura. Posso ser marcado pela guerra, mas não serei derrotado por ela."

"Irei para casa", diz ele. Não desistirá. Não deixará seus fantasmas vencerem. Encontrará a garota de seus sonhos, se casará e começará uma família. Encontrará uma nova carreira, um novo propósito. "Aprenderei a olhar para a vida sem cinismo", diz a si mesmo, assim como você deve fazer, "para ter fé, para conhecer o amor. Aprenderei a trabalhar na paz assim como na guerra. E finalmente... finalmente, como inúmeros outros, aprenderei a viver de novo."

CORAGEM É VIRTUDE. VIRTUDE É CORAGEM

~

"As virtudes são como música. Vibram em um tom mais elevado, mais nobre."

STEVEN PRESSFIELD

Goethe inicia *Fausto* com a seguinte frase: "No começo havia a Palavra."
Depois, corrige a si mesmo. Não, no começo havia *o ato*.
Esse é um livro sobre coragem, o primeiro de uma série sobre as virtudes cardeais. No fim, é válido destacar: palavras não importam. *Atos importam.*
Na verdade, nada é uma prova maior disso do que a relação entre a coragem e as três virtudes: temperança, justiça e sabedoria. Elas são impossíveis, até mesmo sem nenhum valor, sem coragem para assegurá-las.
Como escreve C. S. Lewis, "coragem não é simplesmente *uma* das virtudes, mas a forma como todas as virtudes se manifestam quando testadas". Tente viver com moderação. Tente ser honesto. Tente buscar conhecimento. Tente fazer qualquer uma dessas coisas em um mundo que abandonou a sabedoria, a autodisciplina e a justiça, e você verá.
Veja até onde consegue chegar sem coragem. Você será ridicularizado. Será criticado. Será minado. Será impedido. Verá seu saldo bancário se aproximando de zero. Tudo é um teste.
Sem coragem, você não passará. A multidão pegará você... ou você se tornará parte da multidão. O desgaste derrotará você... ou você descumprirá seus deveres com o que está causando o desgaste.

Coragem é o único caminho. É a espinha dorsal de todo o resto. Você precisará de coragem. Porque falar sobre virtude é fácil. Foi fácil fazer isso ao longo deste livro, baseado em séculos de poesia, literatura e memórias. Mas seu propósito e as horas que você passou o lendo não foram mero entretenimento.

Estamos tentando de fato melhorar. Estamos tentando atender ao nosso chamado e a fazermos nós mesmos essa escolha hercúlea. Hoje. Amanhã. A todo momento.

De que vale uma virtude se ela existir somente no papel? Qual é o sentido dela, se você não tiver coragem de colocá-la em ação? De resistir com ela? De insistir nisso, mesmo com tantas recompensas caso faça o contrário?

É óbvio que há uma relação entre estudo e prática, mas em algum momento é necessário praticar. Contemplamos a verdade e, então, precisamos agir em função dela. Os antigos gostavam de um ditado: *caráter é destino*.

Isso significa que quem você é determina suas atitudes. As quatro virtudes tratavam de imbuir caráter — um bom caráter — de modo que, no ponto crítico, a verdadeira natureza de uma pessoa entrasse em ação. Coragem não é algo que você declara, como a falência; é algo que você conquista, que ninguém fala sobre si mesmo. Assim como uma pessoa se torna um escritor escrevendo — e só se torna um grande escritor escrevendo o que vale a pena ser lido —, ser "corajoso" é um superlativo conquistado no decorrer de uma vida de decisões corajosas.

As pessoas que acompanhamos até agora — de Charles de Gaulle a Leônidas, Frederick Douglass, Theodore Roosevelt, Eleanor Roosevelt, Marco Aurélio, Sophia Farrar, Frank Serpico, James Stockdale —, elas não eram perfeitas. Às vezes, demonstravam exatamente o contrário das virtudes que estamos estudando, e isso deve ser destacado. Ainda assim, não se pode negar que, em um momento decisivo e crítico, o *caráter* delas entrou em ação, e elas fizeram algo profundamente grandioso. Não só em sua época, para as pessoas a quem ajudaram ou a causa à qual se dedicavam, mas também por nós, hoje, por meio da inspiração que seus atos proporcionam.

Não eram as palavras que importavam. Era quem eles eram. Foi o que Lincoln expressou em Gettysburg: não importa o que falamos, o que importa é o que *eles fizeram*. Quer tenha sido em Termópilas, em 480 a.c., ou com tropas inglesas dois mil anos depois, correndo os mesmos riscos contra os alemães, quer tenha sido Florence Nightingale atendendo ao seu chamado ou Maya Moore atendendo ao dela, quer compreendessem plenamente o sacrifício que estavam fazendo ou a consequência do posicionamento que estavam adotando, a coragem continua ecoando.

Sua virtude brilha.

Não podemos consagrá-la. É eterna por si só. Um sacrifício feito até mesmo às chamas.

Porque sabemos que não estaríamos aqui se não fosse pela coragem daqueles que nos antecederam.

Só há uma maneira de compensá-los por isso.

É seguindo seus passos, assumindo o "trabalho inacabado". Devemos dar continuidade à tradição da qual somos parte, quer saibamos ser parte dela ou não. Devemos seguir Hércules.

Tudo começa ao se escolher a virtude. Não com palavras, mas *vivendo* virtuosamente.

Podemos aprender quanto quisermos sobre virtude, mas, depois, quando chegamos à encruzilhada, precisamos escolher.

Abrimos este livro fazendo referências à Bíblia e a John Steinbeck. Vamos encerrá-lo unindo-os. Em *A leste do Éden*, Steinbeck conclui que a palavra mais importante do cristianismo é *timshel*. Quando lemos os mandamentos traduzidos para o inglês, eles são representados dessa forma, como *mandamentos*. Todavia, Steinbeck pensa que a tradução do hebraico é mais precisa: não "tu deves", mas "tu podes".

"Há responsabilidade individual e a invenção da consciência", disse ele ao seu editor enquanto escrevia o livro. "Você pode, se quiser, mas cabe a você decidir. Essa pequena história revela-se uma das mais profundas do mundo. Sempre senti que era, mas agora sei que é."

Quer seja retirada da Bíblia, da história de Hércules, de *A leste do Éden* ou de *Fausto*, a mensagem da parábola é a mesma: *temos uma escolha*. Nós *escolhemos* entre a covardia e a coragem, entre a virtude e o vício.

A coragem nos chama quando estamos com medo. A coragem nos chama para cada ato de valentia e perseverança que nossos deveres exigem. E a coragem nos chama para irmos além de nós mesmos por um bem comum maior.

A decisão de como atender ao chamado é nossa. Não apenas uma vez, mas mil vezes durante a vida. Não apenas no passado e no futuro, mas agora mesmo, neste instante.

O que será?

Você consegue ser corajoso? Por quem e pelo que será corajoso?

O mundo quer saber.

POSFÁCIO

Eu tinha mais ou menos 23 anos quando Dov Charney, CEO da American Apparel, pediu que eu vazasse fotos nuas de uma mulher que o estava processando. Eu disse a ele que não faria aquilo. Ele achava que as fotos e as mensagens de texto que as acompanhavam o eximiriam. Em parte, tinha razão. No entanto, também constituíam o que hoje chamamos de "pornografia de vingança". Eu disse que não queria me envolver naquilo.

Na época, senti certa satisfação comigo mesmo por esse momento de coragem moral. Passados tantos anos, e tendo escrito as páginas que você acaba de ler, ele parece vergonhosamente insuficiente. Por um lado, desafiar Dov Charney não era algo que as pessoas costumavam fazer na American Apparel: não se quisessem manter o emprego, sem falar em continuar a ser vistos com bons olhos pelo patrão. Por outro, por que não dei meia-volta, saí pela porta e não olhei para trás? Por que não me demiti no mesmo instante? Por que ninguém fazia isso? Por que eu *ainda* queria manter o emprego?

Eu me lembro de ter entrado no escritório de Charney algumas semanas depois e ter testemunhado uma videoconferência entre ele e jornalistas de importantes veículos de comunicação em que as fotos eram examinadas. Eu impedira apenas a minha participação no plano. Não fizera nada para realmente evitar que fosse executado. Em poucos minutos, as fotos seriam divulgadas em toda a internet e na imprensa.

Por que minha coragem me deixou na mão?

Essa é uma pergunta que fiz a mim mesmo muitas vezes desde então. Porque aquele não foi o único dilema moral que vivi na American Apparel. Dizia a mim mesmo que permanecera na empresa ao longo dos anos porque queria proteger as pessoas que trabalhavam para mim. Continuei ali porque achava que poderia fazer uma diferença maior onde estava. Porque acreditava na missão da empresa — ela estava fazendo bem ao mundo. Porque não era como os outros nem *como ele*. Em parte, era verdade. Mas sempre conseguimos encontrar razões para não tomar uma atitude difícil, porém certa. Naquela idade, renunciar ao dinheiro e ao emprego mais importante que já tivera, perturbar os planos que tinha para a minha vida — tudo isso pesou muito para mim.

Em retrospecto, a ironia era que, naquele mesmo instante, eu já estava planejando fazer algo muito mais assustador: abandonar o mundo corporativo e me tornar escritor. Acho que eu tinha medo do que significaria cortar a fonte de meu sustento. Ficar sem um salário me deixava hesitante. Fui contido pela incerteza, pelo salto no escuro. No entanto, ao hesitar, coloquei a mim mesmo e a minha segurança acima do que era certo, e acima das outras pessoas.

Por mais três anos, permaneci na empresa como consultor e estrategista, o que consistia, principalmente, em evitar problemas para os funcionários que eu podia ajudar e em impedir que a vaca fosse para o brejo. Evitei que decisões ruins fossem tomadas. Conduzi a empresa por um caminho mais ético. Continuei a tocar as coisas à minha maneira modesta, ajudando a fazer milhares de funcionários da linha de produção receberem um salário decente. Também continuei sendo pago, o que não me deixa me livrar totalmente do sentimento de cumplicidade pelo que aconteceu.

Eu não era um exemplo de coragem.

Em 2014, depois de três livros lançados, houve uma mudança repentina nos acontecimentos. Dov, cuja percepção da realidade já era intermitente, saiu de controle. Estava vivendo em um catre em um armazém. Bateu em um funcionário. Vociferava como um lunático. Fez o valor das ações da empresa despencarem ao índice mais baixo da história. E os processos continuavam, porque ele não conseguia se conter.

Enquanto Dov afundava cada vez mais na loucura, eu tinha discussões frequentes com alguns dos membros da diretoria da American Apparel sobre a situação na empresa. À medida que os relatórios pioraram, a diretoria, por fim, decidiu conter o CEO. Fiquei convencido de que Dov precisava de ajuda, assim como Nero precisara — que *tirá-lo* de lá seria a única maneira de fazer isso. Demorei muito tempo para chegar àquela conclusão, mas, depois que tomei a decisão, não havia nenhuma dúvida de que era o caminho certo a seguir. No dia em que terminei a turnê de lançamento de *O obstáculo é o caminho: A arte de transformar provações em triunfo*, recebi um telefonema de Dov e, depois, de seu vice. A diretoria finalmente o demitira.

Eu poderia ter feito alguma diferença se tivesse defendido isso antes? Ou teria sido demitido? Se eu tivesse me demitido em protesto em 2011, isso teria dado um recado ou passaria despercebido? Se eu não tivesse me contido, não teria estado ali para o momento crucial quando ele chegou. Ou... é o que digo a mim mesmo.

Naquele momento de desespero, Dov, sem saber de meus esforços, tentou comprar minha lealdade. *Vou comprar um selo editorial para você*, disse. Será que poderia ter cumprido a promessa? Provavelmente não. Mas não importava, porque eu não estava interessado na oferta. Peguei um voo para Los Angeles e assumi um novo papel, tentando reconstruir a empresa e salvá-la de Dov, que, em vez de ir embora com milhões de dólares, decidiu que, se não podia estar no comando, preferia atacar o que passara a vida construindo. Foi uma corrida para impedi-lo de destruir tudo.

Wall Street tomou a empresa de maneira hostil e, depois, fomos sabotados pela diretoria. Estava longe de ser uma zona de guerra, mas foi a situação mais caótica que já presenciei. Precisei enfrentar críticas, intrigas e todo tipo de contrassenso. Fui entrevistado durante uma série de investigações. Revelei informações confidenciais sobre os delitos cometidos e mencionei onde o dinheiro fora desperdiçado. Convenci outras pessoas a compartilhar suas histórias e as protegi de retaliações. Resolvi problemas de longa data e cancelei políticas que nunca deveriam ter sido implementadas. Reconfortei pessoas. Tentei consertar a situação. Trabalhei por muitas horas, longe de casa, com minha esposa aguardando pacientemente sozinha, enquanto tentávamos resgatar a empresa das ruínas. Foi exaustivo.

Não dá, porém, para vencer todas as batalhas. A nova liderança corporativa hesitou em um momento crítico. Funcionários que haviam sido corrompidos ao longo dos anos precisavam ser demitidos. No entanto, foram mantidos por receio de irritar alguém, e então Dov os usou para sabotar a empresa. Dessa forma, o fundo de investimento de risco que a comprou cedeu à pressão de Dov e o trouxe parcialmente de volta. Eu advertira repetidas vezes contra a decisão; portanto, me demiti no mesmo instante.

Ele fora demitido por razões que tinham sido negadas e justificadas por tempo demais. A ideia de reverter o curso naquele momento me parecia irracional. Os especialistas em reestruturações corporativas, no entanto, tinham certeza de que estavam com a razão. No fim das contas, a empresa acabaria pedindo falência. Duas vezes. E milhares de pessoas perderam o emprego.*

Eu já tinha recebido ameaças de morte por conta do que escrevia, mas nenhuma me abalou tanto quanto a maneira como um dos capangas idiotas de Dov fez pelo telefone naquele verão. Você passa de trabalhar para alguém e admirá-lo — pensando que acreditam nas mesmas coisas — a se dar conta de que tinha se enganado imensamente. Você percebe que se depreciou. Você percebe que grande parte daquilo era uma mentira. E, de repente, está preocupado com sua segurança, resolvendo suas coisas como se houvesse uma escuta no seu carro e no seu escritório.

Eu estava triste e com medo, mas também sentia uma quantidade surpreendente de certeza. Sair dali e tomar aquela decisão tão difícil foi muito melhor do que aqueles anos de conflito moral que

---

* Meu livro *O ego é seu inimigo* foi baseado nessa experiência.

passei na empresa — por mais interessantes e, às vezes, divertidos que tivessem sido. Foi muito mais gratificante também. Enquanto a American Apparel implodia, li muito Sêneca. Ele é uma figura fascinante porque, apesar de seus textos belíssimos sobre o estoicismo — especialmente sobre coragem e justiça —, também trabalhou para Nero. Teria eu sido um equivalente do século XXI? Um escritor que não vivia de acordo com as próprias palavras? De certo modo, sim. É inquestionável que eu deixara a desejar. Tinha feito concessões. Deveria ter sido mais esperto. Poderia ter sido mais corajoso.

Acho que grande parte do problema foi o modo como aos poucos a situação se agravou. Você começa com um conjunto de premissas baseadas em como compreendia os fatos, ou até mesmo em concessões que está disposto a fazer. Sêneca conheceu Nero quando o imperador era adolescente. Conheci Dov quando eu era adolescente. As circunstâncias mudam. Você aprende. Coisas acontecem. Entretanto, se não está disposto a tomar decisões — decisões difíceis — à medida que cresce e tudo muda, você é um covarde.

A falta de ação é contagiosa. Na American Apparel, costumávamos falar sobre como todos estávamos "assistindo ao show de Dov". Ninguém nem sequer *falava* sobre fazer alguma coisa a respeito da situação. Era como se todos fôssemos observadores passivos de nossa própria vida surreal — chegando até as horas e horas que éramos obrigados a passar assistindo a ele vociferar enfurecido. Às vezes, ele era brilhante. Às vezes, era impressionantemente maldoso. Era como se nunca ocorresse a ninguém que *podíamos tomar uma atitude*. Talvez esperássemos que outra pessoa o fizesse, que os adultos nos salvassem. À medida que ficamos mais velhos — como Sêneca ficou poderoso por mérito próprio —, convenientemente nos esquecemos de que *éramos nós que deveríamos fazer o resgate*.

Acordos de confidencialidade, rescisões, aluguéis de carros, amizades... compartimentalização, nossas próprias questões com a figura paterna. Ele era o chefe, e sua assinatura constava em nossos cheques. Você tem uma conexão pessoal, e ela o cega. Ninguém que conhecíamos nos questionava. Se tivessem questionado, teríamos dado ouvidos? Ou isso teria apenas nos afundado ainda mais na dissonância cognitiva? O medo — em suas muitas formas — era um desencorajador persuasivo. Sobrepôs-se à coragem. Posso dizer que, pelo menos em meu caso, foi o que aconteceu.

O próprio Sêneca escreveu sobre como a virtude é constituída de duas partes. O estudo da verdade, seguido pela conduta. Pontuou que, se houver uma terceira parte, será admoestação e lembretes — o processo de revisar, refletir e criar regras baseadas em nossas experiências. É óbvio que, de todas as partes, a conduta é a mais importante. Minha história é a prova disso. No entanto, é também fracassando — e olhando no espelho depois — que podemos crescer e aprender e, com sorte, ser melhores na próxima vez. Era assim que funcionava para Sêneca. No fim das contas, ele rompeu com Nero. Morreu como um herói.

Quando 2016 chegou, eu também tinha aprendido com minhas experiências. Tinha uma coluna no *New York Observer*, cujo dono era Jared Kushner, na época conhecido apenas como um desenvolvedor imobiliário e genro de uma personalidade de um reality show. Naquele verão, escrevi um artigo que argumentava veementemente contra Trump ter competência para ser presidente. Até aquele momento, não havia tido necessidade de aprovação editorial de meus artigos, mas, de repente, o jornal impediu a publicação do texto. Alguns anos antes, eu teria medo de causar problemas — ou de perder o dinheiro que recebia pelo trabalho. Dessa vez, nem sequer me ocorreu *não* publicar algo que considerava importante.

Também sabia que não estava errado, o que significava que era certo dizer aquilo.

Postei o artigo em outro lugar e o texto viralizou de imediato. Sabia que meus dias escrevendo no *Observer* estavam contados. Passado um tempo, escrevi outro artigo crítico focado no site de extrema direita Breitbart. De novo, não foi publicado; portanto, o postei por conta própria. Pouco depois, fui informado de que alguém ligado à campanha havia telefonado fazendo alegações graves de que um de meus livros era plagiado. A acusação era absurda, mas essa não era a questão: era uma advertência. Queriam que eu soubesse que tentariam me arruinar se não me calasse.

Não deu certo.

E se eu tivesse perdido a coluna por causa do artigo sobre Trump? E se tivesse sido forçado a enfrentar acusações falsas? E se alguém tivesse vindo atrás de mim? Eu teria lidado com essas coisas da mesma maneira que lidei com perder aquele salário — com as ferramentas que sempre tive, como disse Marco Aurélio. Ceder ao medo é negar os talentos e as habilidades que fizeram você chegar até onde está. É privar a si mesmo do livre-arbítrio que lhe foi dado quando você nasceu.

De certo modo, sou grato pelas experiências que tive na American Apparel, porque me ensinaram — tarde demais — sobre a importância de dar ouvidos à nossa voz interior. Em meio ao caos e à corrupção, pode ser difícil ouvir o chamado da coragem. Às vezes, você só consegue entender os perigos da hesitação e de não desafiar as instituições no poder ao testemunhar o que acontece com você e com os outros depois.

Você descobrirá que a intimidação ostensiva de que eu estava falando é rara. Os incentivos banais da vida são muito mais eficazes. Diga às pessoas o que elas querem ouvir e você terá um público maior. Não adote um viés político. Abstenha-se de desafiar a identidade de qualquer pessoa. Qualquer escritor contemporâneo pode olhar para as taxas de seguidores que o abandonam e aprender muito rápido que trazer à tona algo difícil significa, com frequência, prejudicar seu bolso. Basta ler as mensagens enviadas pelos fãs quando você aborda temas controversos: *Por que você disse aquilo? Nunca mais vou ler seus textos.*

Não sou perfeito. É óbvio que não fui sempre tão corajoso quanto gostaria. Contudo, à medida que amadureci como escritor, uma coisa se tornou cada vez mais nítida para mim: nossa obrigação é com a verdade — quer as pessoas gostem ou não. Assim como Helvídio, elas podem punir você por isso. Podem "cancelar" você ou até mesmo matá-lo, literalmente, mas, como costumo dizer a esses leitores furiosos, não construí minha plataforma com a intenção de *não* a utilizar para dizer no que acredito.

Guardei esta história para fechar o livro justamente porque é complicada e comum. Mais de doze mil pessoas trabalhavam na American Apparel. Quem era a mais culpada? Impossível dizer. Se você ler as histórias sobre as fotos vazadas, verá quanto a situação era de fato nebulosa. Talvez lerá minha coluna sobre Trump e achará que eu estava completamente errado e ela não deveria ter sido publicada.

Meu objetivo com essas histórias — a maioria bastante trivial — era mostrar que coragem é algo pelo que devemos nos esforçar em nossa vida à nossa maneira. Samuel Johnson brincou que "todo homem pensa mal de si mesmo por não ter sido um soldado". Entendo o que ele quer dizer. Tive dificuldades com isso mesmo enquanto escrevia este livro: sou qualificado? Tenho *permissão* para escrever sobre coragem sem nunca ter salvado a vida de ninguém, exceto por alguns telefonemas para a polícia e ter feito massagem cardíaca em uma pessoa na calçada em frente a um bar?

Não fui sempre corajoso. Não sou sempre corajoso. Hesitei até mesmo quanto a escrever este capítulo... mas me lembrei de que a hesitação deve fortalecer nossa determinação. Posso dizer, com toda a sinceridade, que estou melhorando no desafio atemporal de aplicar coragem à vida real. Hoje, me importo menos do que ontem com o que as pessoas dizem. Dou um passo à frente com mais frequência do que me esquivo. Escrever e publicar este livro é uma prova disso. Mas eu gostaria que minha vida privada e minhas ações privadas falassem mais alto do que palavras.

Precisamos parar de pensar na coragem apenas como o que acontece no campo de batalha ou em um ônibus na época dos Viajantes da Liberdade. Coragem também é simplesmente não ter medo do seu chefe... ou da verdade. É tomar a decisão de seguir sua criatividade. É definir um limite ético. É ser um esquisitão, se essa for sua identidade. É votar de acordo com sua consciência, e não com o que a multidão quer. Ou que os seus pais querem.

Não se trata somente de fazer tudo isso quando o destino coloca você sob os holofotes. Também se trata, como falamos, de fazer da coragem um hábito. Algo que você aplica em questões grandes e pequenas, dia após dia — para que ela pareça natural em todos os momentos, não importa quem esteja assistindo, não importa o que estiver em risco.

Cada um de nós recebe chamados da coragem.

Responderemos?

Ou talvez isso seja demais. Podemos responder *melhor*? Podemos dar um passo à frente com mais frequência do que recuamos?

Vamos começar assim.

Ryan Holiday
The Painted Porch Bookshop
Bastrop, Texas
2021

AGRADECIMENTOS

Este livro foi escrito durante o ápice da pandemia de Covid-19 e, por isso, ele não seria possível se não fossem os corajosos médicos, cientistas, profissionais na linha de frente, entregadores e funcionários de supermercados que iam trabalhar todos os dias — cada um que fez sua pequena parte para que o restante de nós pudesse sobreviver. A coragem não está apenas em soldados, mas em *qualquer pessoa* que persevera diante do medo, da dificuldade ou da incerteza. Todos temos uma dívida de gratidão com os heróis de 2020 e 2021 — e, para reavaliar a nós mesmos e nossas contribuições para o bem comum, devemos levar em conta o que aconteceu nos últimos anos.

Também gostaria de agradecer a minha esposa, Samantha, que cuidou e protegeu nossa família de maneira obstinada enquanto eu escrevia este livro. Também devo muito a meus sogros, que me deixaram estacionar um motorhome na garagem deles durante o verão e cuidaram dos nossos filhos enquanto eu escrevia a segunda parte do livro. Agradeço a Billy Oppenheimer e Hristo Vassilev, que me ajudaram nas pesquisas desta obra, ao meu editor, Nils Parker, ao meu agente, Stephen Hanselman, e ao time da Portfolio (Adrian Zackheim, Niki Papadopoulos, Stefanie Brody, Tara Gilbride, Megan McCormack). Obrigado aos generais Mattis e Lasica, Bradley Snyder, Matthew McConaughey, a meu incansável mentor Robert Greene e a Steven Pressfield pelos conselhos e observações. Muito obrigado, ainda, à minha antiga equipe da American Apparel pela ajuda no Posfácio e por ficarem do meu lado, mesmo que eu não tenha sempre sido tão corajoso quanto poderia ter sido.

Mais uma vez: este livro — e toda forma de arte, literatura e tecnologia — não seria possível sem os sacrifícios e a bravura das gerações passadas. Jamais conseguiremos retribuir seus esforços. Tudo o que podemos fazer é nos inspirar nelas, tentar seguir seus passos e honrá-las usando sua inspiração para alcançar nossos feitos. Seja qual for o grau de sucesso que tiver nesse objetivo, ainda assim continuarei com uma grande dívida.

1ª edição	JANEIRO DE 2023
reimpressão	MARÇO DE 2025
impressão	BARTIRA
papel de miolo	LUX CREAM 60 G/M²
papel de capa	CARTÃO SUPREMO ALTA ALVURA 250 G/M²
tipografia	REGISTER